Thomas Alber

Die drei Leben des Slavko Barbarić

Botschafter für Medjugorje

Über den Autor

Thomas Alber, Jahrgang 1957, ist in Friedrichshafen am Bodensee aufgewachsen. Nach seinem Studium zum Dipl. Verwaltungswirt (FH) arbeitete er bis zu seiner Pensionierung bei mehreren Behörden. Seit Jahrzehnten ist er mit digitalen Bildvorträgen mit vorwiegend religiösem Inhalt in Baden-Württemberg, Bayern und Vorarlberg unterwegs. Er ist außerdem Autor der im Fe-Medienverlag erschienenen Bücher „Pater Johannes Leppich. Das Maschinengewehr Gottes", „Carlo Acutis. Missionar im Internet" und „Aufrecht bis zum Schafott. Willi Graf und die ‚Weiße Rose'".

Thomas Alber

Die drei Leben des
Slavko Barbarić

Botschafter für Medjugorje

fe

1. Auflage 2024

www.fe-medien.de

Fotos Cover: Rudolf Baier, Friedberg
Bleistiftzeichnung von Irina Levina, Lindau

Satz und Layout: Renate Geisler

Druck: orthdruk, Białystok, Polen

ISBN 978-3-86357-407-9

Inhaltsverzeichnis

Einführung

2021 wurde mitten in der Corona-Pandemie der 40. Jahrestag der Erscheinungen von Medjugorje gefeiert. Mein Buch ist aber nicht vornehmlich den Marienerscheinungen gewidmet und möchte auch nicht dem endgültigen Urteil der Kirche über deren Echtheit vorgreifen, sondern es berichtet vom Leben und Werk eines Mannes, der die Geschichte Medjugorjes 18 Jahre lang ganz entscheidend mitgeprägt hat: Pater Slavko Barbarić. In Medjugorje treffen wir überall auf Spuren, die er hinterlassen hat.

Als ich mit der Erforschung seines Lebens begann, wurde mir jeden Tag klarer, was für ein heiligmäßiges Leben er führte. Es ist deshalb kein Wunder, dass ihn seine Nachwelt sehr verehrt, und Stimmen immer lauter werden, die für ihn die Einleitung eines Seligsprechungsverfahrens fordern. Die Lektüre seiner Bücher und Ansprachen führte mir darüber hinaus vor Augen, dass jeder Einzelne von uns eine hohe Verantwortung in dieser Welt trägt. An dieser Stelle möchte ich Pater Slavko bereits erstmals zitieren:

„Wenn wir Christen beginnen, die Botschaft des Evangeliums radikal zu leben, so wie es die Muttergottes immer wiederholt, dann wird die Welt dem Frieden näherkommen. Das ist sehr wichtig! Wir müssen uns verantwortlich fühlen, was in dieser Welt geschieht. Wir brauchen keine Staatspräsidenten zu sein, um das zu tun. Das spielt keine Rolle. Der Friede hängt von uns allen ab, von Deinem Gebet, von Deinem Verhalten.“[1]

Mir war es ein Anliegen, Slavko Barbarić als Mensch und Priester möglichst objektiv und ohne frömmelnde Schönfärberei vorzustellen. Dazu ließ ich viele Zeitzeugen zu Wort kommen, die ihn kannten.

Es wird Pater Slavko nachgesagt, dass er eigentlich drei Leben hatte, denn jede Minute war bei ihm mit Gebet und Arbeit ausgefüllt. Demzufolge hätte ich mehrere Bände über ihn schreiben müssen, denn das Lebenswerk, das er hinterließ, ist mehr als nur beeindruckend. Dennoch habe ich mich entschlossen, nur einen Buchumfang zuzulassen, der in einem Tag lesbar ist und sich somit an den Bedürfnissen der heutigen Leserschaft orientiert.

Schließen möchte ich diese kurze Einführung mit einem herzlichen Dank an alle, die mir bei der Entstehung dieses Buches wertvolle Hilfe geleistet haben und ohne die ein Gelingen des Projektes nicht möglich gewesen wäre. Einer soll dabei besonders erwähnt sein, nämlich Rudolf Baier aus Friedberg. Er stellte mir nicht nur sein hochwertiges Fotomaterial zur Verfügung, sondern er war auch Ideengeber für dieses Buch. Er vermittelte mir wertvolle Kontakte und führte für mich teilweise auch Interviews mit Zeitzeugen.

Friedrichshafen, im Januar 2024
Thomas Alber

1 Kindheit und Schulzeit

Dragićina, ein kleiner Ort im ehemaligen Jugoslawien und ein Ortsteil von Čitluk, war der Schauplatz, an dem alles begann. Das Dorf zählt heute etwas über 500 Einwohner.[1] Hier wurde am 11. März 1946 Slavko Barbarić geboren. Sein Elternhaus steht heute nicht mehr.

Es waren die Jahre nach dem Ende des Zweiten Weltkrieges. Die staatliche Macht lag in den Händen der Kommunisten unter Josip Broz Tito. Obwohl sich Tito vom Stalinismus distanzierte und es verstand, den Vielvölkerstaat zu einen, blieb er ideologisch durch und durch Kommunist. Andersdenkende wurden in Jugoslawien mit brutaler Härte verfolgt.

Von Anfang an sollte Jugoslawien nicht nur politisch, sondern auch ideologisch umgebaut werden. Tito zielte daher in seinem Land auf die Vernichtung des Christentums im Allgemeinen und auf die Beseitigung des Katholizismus im Besonderen ab. Zwei Weltanschauungen standen sich praktisch als Todfeinde gegenüber, die miteinander niemals vereinbar waren. Für Christen, insbesondere für Katholiken, wurde es zunehmend schwerer, ihren Glauben zu bekennen. Es kam zu einer regelrechten Verfolgung der katholischen Kirche.

Slavko war das vierte Kind der Familie, zwei weitere Geschwister sollten noch folgen. Einen Tag nach der Geburt, am 12. März 1946, wurde er in der Kirche St. Stephan in Čerin getauft.

Abb. 1: Kirche St. Stephan in Čerin

Vor allem in religiöser Hinsicht war es ein Glücksfall für Slavko, gerade in diese Familie hineingeboren zu werden.

Seine Eltern, Marko und Lucija Barbarić, waren ausgesprochen gläubige Menschen.

Abb. 2: Pater Slavko mit seiner Mutter vor seinem Elternhaus

Die Schwester von Pater Slavko, Sofija Soldo, sagt dazu:

„Die Familie hat immer nach den Geboten und den Regeln Gottes gelebt. Wir waren im Jahr 1954 insgesamt 25 Personen in einem Haus. Meine Eltern kann ich wirklich als fromm bezeichnen. Sie beteten sehr oft. Auf den Glauben wurde achtgegeben und sie haben uns im Gebet erzogen, wie sie konnten. Bei uns wurde morgens zusammen gebetet und natürlich auch abends. Die

Abb. 3: Sofija Soldo mit Rudolf Baier, der das Interview mit ihr führte (2022).

Häuser in unserem Dorf standen eng beieinander. So kam es, dass wir im Sommer auch mit zwei oder drei anderen Familien draußen gebetet haben. Rosenkränze gab es kaum, weil sich die Menschen eine Rosenkranzkette finanziell nicht leisten konnten. Meist wurde ‚der Engel des Herrn' gebetet und in den verschiedenen Anliegen auch ein oder mehrere Vaterunser, zum Beispiel für die Verstorbenen oder die Priester."[2]

Die Bevölkerung war arm und der Familie Barbarić erging es nicht anders. Eine achtköpfige Familie zu ernähren, gestaltete sich sehr schwierig, wie sich Sofija Soldo erinnert:

„Mein Vater war Feldarbeiter von Beruf, und wir hatten einen kleinen Bauernhof. Etwas anderes gab es in dieser Zeit auch kaum. Wir haben damals vom Tabak gelebt. Wenn der Tabak geerntet war, haben wir ihn in die Kolchose nach Čitluk gebracht. Vom Erlös wurde uns die Steuer abgezogen und das war mehr als wir letztendlich herausbekommen haben. Für die Nutztiere mussten wir trockenes Laub sammeln und alle mussten mithelfen.

Ich erinnere mich, dass mein Vater eines Tages ein Weißbrot mitgebracht hat. Damals war das etwas Außergewöhnliches. Vor dem Haus befand sich eine Art Sitzgelegenheit. Als er sich dort hinsetzte und uns das Weißbrot zeigte, das war von seiner Bedeutung her etwa so, wie wenn er uns heute ein Flugzeug mitbringen würde. Es war wirklich sehr schwer, die Familie zu ernähren."[3]

Sofija Soldo weiß auch, wie stark damals die Bedrohung der katholischen Kirche durch die atheistisch-kommunistischen Machthaber war. Die Familie Barbarić bekam dies selbst zu spüren:

„1952 war unser Vater zwei Monate lang im Gefängnis, weil er Prokurator in der Kirchengemeinde war. Als er nach der Entlassung zurückkam, brachte er ein großes Kreuz mit. Links und rechts dieses Kreuzes befanden sich Statuen der Gospa [so wird die Muttergottes von den Menschen dort genannt] und unter-

halb des Kreuzes Reliquien. Es war eine Zeit, in der man sich öffentlich nicht einmal mehr bekreuzigen durfte."[4]

1953 wurde Slavko eingeschult und er besuchte die Grundschule in Čerín, die ihm keinerlei Schwierigkeiten bereitete. Im Gegenteil, er entwickelte sich zum ausgezeichneten Schüler, dessen Begabung auffällig war. Auch trieb er gerne Sport.

Abb. 4 und 5: Die ehemalige Schule in Čerin wurde teilweise abgebrochen, der verbliebene Teil in ein Privathaus umgebaut. Nachdem in der Schule Platzmangel herrschte, fand der Unterricht teilweise auch in einer Lagerhalle statt.

Auch an seine Schulzeit hat Sofija Soldo noch Erinnerungen:

„Eigentlich liebte er alle Schulfächer, weil er sehr gut gelernt hat und wirklich ein guter Schüler war. Ansporn durch Dritte brauchte er nicht. Das war später auch als Student so. In seiner Jugend hat Slavko gerne Fußball gespielt. Das war auch normal, dass damals alle auf den Fußballplatz gegangen sind. Da bekam keiner eine Extraeinladung. Er machte das gerne und er hat gesagt, wenn er kein Pater geworden wäre, dann wäre er vielleicht Fußballer geworden."[5]

Abb. 6: Jugendfoto von Slavko (stehend rechts)

Die Feier seiner Erstkommunion im Jahr 1953 verlief anders, als wir es heute kennen, berichtet seine Schwester:

„Früher war die Erstkommunion nicht so ein großes Fest wie es heute ist. Man hat da nicht so viel gefeiert, weil wir dazu auch das Geld nicht hatten. Die Feier fand einzig und allein in der Kirche statt. Heute sind die Feiern ja alle viel zu groß. Wichtig ist, dass die Erstkommunion in spiritueller Hinsicht ein Leben lang im Gedächtnis bleibt."[6]

Am 18. August 1954 wurde Slavko gefirmt.

Schon während seiner Schulzeit zog es Slavko immer wieder zu den Franziskanern, die er oft besuchte und von denen eine gewisse Faszination auszugehen schien, wie die Erinnerungen von Sofija Soldo bezeugen:

„Als Kind war Slavko immer gut und quicklebendig. Als er in Čerín die Schule besuchte, ging er immer wieder zu den Franziskanern. Meine Mutter hat ihn oft gefragt, wo er Halt gemacht habe und er sagte regelmäßig, dass er noch bei den Franziskanerpatres gewesen sei."[7]

Abb. 7: Fußweg von Dragićina nach Čerín (2023)

1957 musste die Familie Barbarić einen herben Schicksalsschlag verkraften. Slavkos Vater verstarb plötzlich und vollkommen unerwartet. Was dies für eine mehrköpfige Familie bedeutete, lässt sich unschwer erahnen. Sofija Soldo beschreibt die Umstände, unter denen der Vater sein Leben verlor:

„Als das passierte, war ich 15 Jahre alt. Es war morgens, als sich mein Vater irgendwie unwohl fühlte. Er muss gespürt haben, dass etwas nicht in Ordnung war. So wollte er sich nochmals kurz hinlegen. Meine Mutter bereitete indes das Frühstück vor. Als sie damit fertig war, bat sie mich, meinen Vater zum Frühstück zu rufen. Ich ging deshalb nach oben und rief ihn. Mein Vater kam herunter, setzte sich auf einen der alten Stühle, brach dort plötzlich zusammen und starb. Das war am 11. Juli 1957. Mein Vater war der erste von uns, der in einem Sarg beerdigt wurde, davor wurden die Verstorbenen nur in Tücher gewickelt. Unser Onkel war Schreiner und hat diesen Sarg hergestellt.“[8]

Slavko litt sehr unter dem Verlust des Vaters. Inwieweit dessen früher Tod sein Leben beeinflusst oder gar geprägt hat, lässt sich allerdings nur schwer beurteilen.

Tatsache ist jedenfalls, dass sich vor allem die finanzielle Situation der Familie dramatisch verschlechterte, wie Sofija Soldo erzählt:

„Wirtschaftlich wurde es nach dem Tod meines Vaters natürlich noch schwerer. Wir haben auf alle möglichen Arten und Weisen versucht, zu überleben. Tabak wurde von der Familie weiterhin angepflanzt und wir hatten ein paar Schafe und Kühe. Die Pferde haben wir weggegeben, weil wir mit ihnen nicht arbeiten konnten.“[9]

Der Tod des Vaters bedingte auch, dass Slavko verstärkt in der Familie mithelfen musste, was er auch tat, ohne dazu angehalten worden zu sein:

„Slavko hat die Aufgaben, die er von den Eltern, Großeltern und von uns älteren Geschwistern übertragen bekommen hatte, immer zuverlässig erfüllt. Dies galt vor allem auch für die Zeit nach dem Tod meines Vaters. Unser ältester Bruder Jozo war ja dann auch beim Militär, und so musste Slavko ganz selbstverständlich häufig mithelfen.“[10]

1961 konnte Slavko seine Schulzeit in Čerín glanzvoll beenden.

2 Entscheidung für den Franziskanerorden, Abitur

Das Ende der 8. Klasse machte im damaligen Jugoslawien eine Weichenstellung notwendig. Welcher schulische und berufliche Weg sollte weiter begangen werden? Slavkos Entscheidung, Priester werden zu wollen, war aber zu diesem Zeitpunkt bereits gefallen.

Die Freude über seinen Berufswunsch war bei den Barbarićs deutlich zu spüren, wenngleich dadurch ein Helfer, der in der Familie nach dem Tod des Vaters so dringend gebraucht wurde, wegfiel. Seiner Schwester ist eines bewusst:

„Wir waren so froh, als er sagte, dass er Franziskaner werden möchte. Meine Mutter fragte ihn einmal, ob er wirklich Priester werden wolle. Slavko hat diese Frage bejaht. Das war zu einer Zeit, als mein Vater schon tot war. Als sie mit ihm zu den Franziskanern ging, sagte der Pater: ‚Meine liebe Lucia, hast Du ihn etwa gezwungen?' Meine Mutter antwortete: ‚Gott bewahr, wie sollte ich ihn denn dazu zwingen, wenn Gott ihn dafür nicht auserwählt hat?' Keiner hat Druck auf ihn ausgeübt. Irgendetwas scheint ihn bei seinen vielen Besuchen bei den Franziskanern inspiriert und angeregt zu haben. Er ist einfach schon zum Priestertum geboren worden.“[1]

So wandte sich Slavko an Pfarrer Fra Umberto Lončar in Čerin, der ihm half, die Bewerbungsunterlagen zu erstellen. In seiner Bittschrift vom 6. Juli 1961 bat Slavko um Aufnahme als Kandidat in den Franziskanerorden. Sein Pfarrer sandte bereits am 4. Juli 1961 ein sehr wohlwollendes Empfehlungsschreiben an die Franziskanerprovinz in Mostar.

Slavkos Aufnahmegesuch war von Erfolg gekrönt. So führte ihn sein Lebensweg nach Dubrovnik.

Abb. 8: Blick auf die Altstadt von Dubrovnik

Er fand dort Aufnahme an der Humanistischen Mittelschule für [die] Ausbildung der Priesterschaft "Ruđer Bošković".

Abb. 9: „Ruđer Bošković" in Dubrovnik

In dieser altehrwürdigen Stadt sollte er also seine Schulausbildung fortsetzen.

Was ihm allerdings in dieser Zeit sehr zu schaffen machte und ihm große Sorgen bereitete, waren Probleme mit seinen Augen. Seine Schwägerin Elisa erzählt dazu:

„Ein großes Problem waren damals seine Augen. Er hatte häufig Schmerzen und befürchtete, dass man ihn wegen seines Sehfehlers abweisen würde. Er sagte damals zu mir: ‚Wenn ich nicht Priester werden kann, weiß ich nicht, was aus mir werden soll. Ich spüre eine so große Sehnsucht für das Priesteramt.' Einen Monat lang wurde das Auge behandelt, dann konnte er endlich zu den Brüdern gehen."[2]

Es gelang mit Gottes Hilfe, diese gesundheitliche Krise zu überwinden. Allerdings blieben seine Augen zeitlebens ein gewisser Schwachpunkt. Wer die zahlreichen Videos und Fotos von ihm anschaut, dem fällt auf, dass er zuweilen sehr dunkle Brillen trug. Sie dürften dem Schutz seiner Augen gedient haben.

Nach rund vier Jahren legte Slavko jedenfalls am 24. Juni 1965 erfolgreich das Abitur ab. Dies war ein großer Meilenstein auf seinem Weg zum Priester. Mancher Schüler könnte neidisch werden, wenn er die Noten im Abiturzeugnis von Slavko Barbarić ansieht. Der Prüfungsausschuss fasste seine Leistungen mit dem Traumergebnis „Reifeprüfung mit vorzüglichem Erfolg" zusammen.

Humanistische Mittelschule fur Ausbildung der Priesterschaft
"R.Bošković" Dubrovnik

Z E U G N I S
über die abgelegte Reifeprüfung.

Barbarić Slavko, Sohn des Marko, geb. 11.März 1946 in Dragići, Bezirk Mostar, Soz.Rep.Bosnien und Herzegowina, kroatischer Nationalitat, hat im Schuljahr 1964/65 die achte Klasse der Humanistischen Mittelschule für Ausbildung der Pristerschaft "R.Bošković" in Dubrovnik absolviert und sich vom 16. Juni 1965 bis 24.Juni 1965 das erste Mal der Reifeprüfung unterzogen.

Nach den Prüfungsnoten sowie den Jahresnoten aus Gegenstanden in den höheren Schulklassen, die nicht geprüft werden, ist vom Prüfungsausschuß folgender Erfolg festgestellt worden:

Religion :	vorzüglich
Kroatische Sprache :	sehr gut
Lateinische Sprache :	vorzüglich
Griechische Sprache :	vorzüglich
Deutsche Sprache :	vorzüglich
Italienische Sprache :	vorzüglich
Geschichte :	vorzüglich
Geographie :	vorzüglich
Verfaßung der FNR Jugoslawien :	vorzüglich
Naturgeschichte :	vorzüglich
Geologie und Mineralogie :	vorzüglich
Mathematik :	vorzüglich
Physik :	vorzüglich
Chemie :	vorzüglich
Philosophie :	vorzüglich
Kunstgeschichte :	vorzüglich
Musikerziehung :	vorzüglich
Leibesubungen :	vorzüglich
Vormilitarische Erziehung :	sehr gut
Technische Ausbildung :	vorzüglich
Betragen :	vorzüglich

Die Photokopie entspricht dem Orginal

Caritasverband Freiburg-Stadt e. V.
Kirchliche Betreuungsstelle für die Arbeitnehmer aus Jugoslawien
Crkveni ured za ... pitanja radnika iz Jugoslavije
78 Freiburg i. Br.
Schreiberstraße 11, Telefon 33935

Caritasverband Freiburg-Stadt e. V
Kirchliche Betreuungsstelle für die Arbeitnehmer aus Jugoslawien
Crkveni ured za ... pitanja radnika iz Jugoslavije
78 Freiburg i. Br.
Schreiberstraße 11, Telefon 36965

Abb. 10: Abiturzeugnis von Slavko Barbarić (übersetzt)

Auf Grund der oben angeführten Noten hat der Prüfungsausschuß entschieden, daß

Barbarić Slavko

die Reifeprüfung mit vorzüglichem Erfolg abgelegt hat und wird ihm die Reife und die Fähigkeit für weitere Studien an den katholischen Universitaten und Hochschulen anerkannt.

Nr. 264/1964/65
Dubrovnik, 24.Juni 1965

Vizepräsident des Prüfungsausschußes:
P.Janko Pavlinovic, D.J. eh.

Präsident des Prüfungsausschußes: Josip Kukuljan D.J. eh.

Rundsiegel der Mittelschule für Priesterausübung in Dubrovnik

Mitglieder :
6 Unterschriften unleserlich

- -

Unter Berufung auf den abgelegten Eid bestätige ich die Richtigkeit der Übersetzung aus der serbokroatischen Sprache.

Graz, 18.9.1972

Dr Ivo Desput
gerichtl.beeideter Dolmetsch

Dr. IVO DESPUT
gerichtl. beeid. Dolmetsch für Serbokroatisch
GRAZ

Die Photokopie entspricht dem Orginal

Caritasverband Freiburg-Stadt e.V.
Kirchliche Betreuungsstelle für die Arbeitnehmer aus Jugoslawien
Crkveni ured za socijalna pitanja radnika iz Jugoslavije
78 Freiburg i. Br.
Schreiberstraße 11, Telefon 33965

15 Schilling

Amtsgültig übersetzt
Prof. DDDr. MICOLINI
Dolmetscher-Zentrale
8010 GRAZ, Glacisstraße 57

Caritasverband Freiburg-Stadt e. V.
Kirchliche Betreuungsstelle für die Arbeitnehmer aus Jugoslawien
Crkveni ured za socijalna pitanja radnika iz Jugoslavije
78 Freiburg i. Br.
Schreiberstraße 11, Telefon 33965

Abb. 11: Rückseite des Abiturzeugnisses von Slavko Barbarić

3 Einkleidung und Noviziat

Slavko war auch nach dem Abitur immer noch eisern entschlossen, Franz von Assisi nachzufolgen und in dessen Orden einzutreten.

Am 14. Juli 1965, einem Mittwoch, erhielt Slavko Barbarić im Beisein seiner Mutter, seiner Familie und anderer das Ordensgewand der Franziskaner. Schauplatz war das Franziskanerkloster des hl. Antonius in Humac, Ljubuski, ein Kloster der Franziskanerprovinz Herzegowina.

Abb. 12: Franziskanerkloster des hl. Antonius in Humac

Abb. 13: Innenraum der alten Klosterkirche

Damit begann auch sein Noviziat. Mit ihm zusammen wurden vier weitere junge Männer eingekleidet. Nach einem Jahr, das die Orientierung und das Einleben im Orden ermöglichte, blieb er als einziger der fünf Eingekleideten übrig. Die anderen vier konnten den Weg nicht bis zum Ende gehen. Für Slavko war dieses Jahr auch eine Zeit der Prüfung, und er blickte beharrlich weiter auf sein großes Ziel.

Abb. 14 und 15: Slavko Barbarić im Kreise seiner Familie am Tag der Einkleidung auf dem Humac

4 Studium in Visoko

1966 sandte der Orden Slavko zum Studium nach Visoko. Die Stadt liegt ca. 25 km nordwestlich von Sarajevo und in ihr leben heute rund 41.000 Einwohner.[1]

Abb. 16: Blick auf Visoko

Hier studierte er bis 1967 Philosophie und Theologie. Sein Studienaufenthalt in Visoko verlief absolut problemlos.

Abb. 17: Franziskanerkloster in Visoko (heute Gymnasium)

5 Militärdienst

Im Sommer 1967 erfuhr sein Studium eine Unterbrechung, denn er musste seinen Wehrdienst ableisten.

Slavko Barbarić wurde in Titograd stationiert, der Hauptstadt und größten Stadt Montenegros mit rund 150.000 Einwohnern. Sie heißt heute wieder Podgorica und liegt rund 216 km entfernt von seinem Geburtsort.

Abb. 18: Podgorica heute

Es war klar, dass die Regierung die Militärzeit dazu nutzen würde, insbesondere Priesteramtskandidaten einer Umerziehung im Sinne der kommunistischen und damit atheistischen Weltanschauung zu unterwerfen. Im Grunde genommen war der Militärdienst vor diesem Hintergrund eine Lebensstation der Bewährung, denn wer hier schon scheiterte, wäre für den Priesterberuf wahrscheinlich ungeeignet gewesen.

Abb. 19: Slavko Barbarić als Soldat während seines Wehrdienstes

Begleitet wurde die Militärzeit aber nicht nur von einem geistigen Umerziehungsprogramm, sondern auch von zahlreichen Repressalien im Kasernenalltag. Das Militär der Jugoslawischen Volksarmee war ein Bereich, der es Vorgesetzten besonders erlaubte, missliebige Personen zu drangsalieren und zu schikanieren.

Ein Besuch der hl. Messe war für Soldaten nicht möglich, und so widmete sich Slavko Barbarić in dieser Zeit vor allem dem intensiven Gebet.

Er wurde schließlich nach Mostar versetzt, wo er seine Militärzeit abschließen konnte, ohne jemals seiner priesterlichen Berufung untreu geworden zu sein.

6 Studium in Sarajevo und Schwaz, ewige Gelübde

Seine nächste Lebens- und Ausbildungsstation war die Theologische Hochschule der Franziskaner in Sarajevo. Dort setzte er von 1969 bis 1970 sein Theologiestudium fort.

Prof. Dr. Ljudevit Rupčić war in Sarajevo einer seiner Professoren. Slavko Barbarić fiel ihm schon als Student sehr positiv auf:

Abb. 20: Prof. Dr. Ljudevit Rupčić

„Den… Pater Slavko kenne ich seit der Zeit, als er Student war. Er studierte in Sarajevo Theologie und ich war dort sein Professor. Ich hielt bibelwissenschaftliche Vorlesungen. Schon unter den Studenten hat er sich hervorgetan, weil er besonders fleißig war und seine Pflichten gewissenhaft erfüllt hat. Er ist mir als begabter Student aufgefallen. Was seine Berufung zum Priestertum betrifft, hatte ich den Eindruck, dass er nie daran gezweifelt hat. Er hat sich nicht gefragt, ob er nun von Gott berufen ist oder nicht, sondern er hat sich schon früh bemüht, seinen Ruf immer besser und gewissenhafter zu erfüllen.“[1]

Nach seiner Zeit in Sarajevo führte ihn sein Weg nach Schwaz in Tirol, einer Stadt mit rund 14.000 Einwohnern, eingebettet in eine herrliche Bergwelt.[2] Der Ort war in früheren Jahrhunderten bekannt durch seine Silberminen und seine Kupfervorkommen.

Eng mit der Geschichte des Bergbaus verknüpft ist das dortige Franziskanerkloster, das seine Ursprünge im 16. Jahrhundert findet. 1924/25 wurde im Klosterareal mit dem sogenannten „Studienhaus“ eine theologische Hauslehranstalt für Franziskaner eingerichtet, die bis 1972 bestand.

In diesem Studienhaus setzte Slavko Barbarić 1971 seine Studien fort. Er lebte sich rasch in das Ordensleben und den Studienbetrieb in Schwaz ein und fühlte sich dort recht wohl.

Abb. 21: Ehemaliges Studienhaus des Klosters Schwaz

Ein Mitbruder, der mit ihm zusammen studierte, beschrieb ihn dem Autor gegenüber als zwar nicht introvertiert, aber dennoch still und ruhig. Er habe nicht polarisiert und sei fromm, fleißig und gemeinschaftsbezogen gewesen.[3]

Slavko Barbarić besuchte während seiner Schwazer Zeit auch die Wirkungsstätten seines Ordensgründers, so u.a. den Berg La Verna. Dort begann Franz von Assisi am 14. September 1224 mit einem 40tägigen Fasten. In dieser Zeit versah ihn Jesus mit den Wundmalen, den Stigmata. Er war damit der erste Mensch, dem dies zuteilwurde.

Abb. 22: Kloster La Verna

An diesem ehrwürdigen und geschichtsträchtigen Ort legte Slavko Barbarić am 17. September 1971 seine feierlichen Gelübde ab. Damit hatte er sich auf Lebenszeit dem „Ordo Fratrum Minorum“ (OFM) verschrieben, übersetzt also dem „Orden der Minderen Brüder“, wie sich die Franziskaner nennen.

In seine Schwazer Zeit sollte auch seine Priesterweihe fallen.

7 Priesterweihe

1971 war das Ziel erreicht, das er schon als Kind ersehnt hatte. Viele Jahre hatte er auf seine Priesterweihe hingearbeitet.

Papst Johannes Paul II. sagte einmal anlässlich seines Goldenen Priesterjubiläums:

„In ihrem tiefsten Grund ist jede Berufung zum Priestertum ein großes Geheimnis, ein Geschenk, das den Menschen unendlich überragt."[1]

Abb. 23: Papst Johannes Paul II.

So können wir die Freude von Slavko Barbarić erahnen, als der Tag seiner Priesterweihe immer näher rückte.

Mit Schreiben vom 7. Dezember 1971 bat der Provinzial der Tiroler Franziskanerprovinz (mit Sitz in Salzburg) den Innsbrucker Bischof Dr. Paulus Rusch um Zulassung von drei Kandidaten zur Subdiakonats- bzw. Diakonatsweihe, unter ihnen Slavko Barbarić. Für ihn wurde gleichzeitig um die Erlaubnis zur Priesterweihe durch Bischof Tharsitius Senner gebeten.

4077 - 4074

PROVINZIALAT der Tiroler
Franziskanerprovinz
5010 SALZBURG
Franziskanergasse 5
(Postfach 292 - Telefon 84 6 29)

Salzburg, am 7. Dezember 1971

An
Herrn Diözesanbischof Dr. Paulus R u s c h
I n n s b r u c k

Eure Exzellenz, hochwürdigster Herr Bischof!

Ich bitte um Zulassung zur S u b d i a k o n a t s - und D i a k o n a t s w e i h e am 17.und 18. Dezember d.J. in der Seminarkirche in Innsbruck für folgende Ordensangehörige:

3. Frater Slavko B a r b a r i ć, Angehöriger der Franziskanerprovinz von Mostar, Hercegowina, Jugoslawien, theolog. Studium in Schwaz, geb. 11.3.1946 in Dragicina, Jugoslawien, feierliche Profeß 17.9.1971; Niedere Weihen 22.2. 197o.

Die vom Kirchenrecht geforderten Voraussetzungen für die Weihen sind gegeben.

Für Frater Slavko B a r b a r i ć bitte ich an dieser Stelle - nach der schon mündlich gegebenen Erlaubnis - um die Weiheerlaubnis zum Presbyterat am 19. Dezember d.J. durch Bischof Tharsitius S e n n e r in Reutte.

Anliegend die Literae dimissoriae der Heimatprovinziale für Fr. Slavko Barbarić und Fr. Tomislav Batinić.

In dankbarer Ergebenheit grüße mit der
Bitte um den Segen

SIG. PROV. TYROL. O.F.M. STI. LEOPOLDI IN AUSTRIA

P. Clemens Prieth
Provinzial

Abb. 24: Schreiben des Provinzials der Tiroler Franziskanerprovinz an Bischof Dr. Paulus Rusch

Am 17. Dezember 1971 weihte der Diözesanbischof von Innsbruck, Dr. Paulus Rusch, Slavko Barbarić in der Kapelle des Priesterseminars Innsbruck zunächst zum Subdiakon. Einen Tag später folgte die Weihe zum Diakon.

Abb. 25: Bischof Dr. Paulus Rusch

Abb. 26: Kapelle des Priesterseminars Innsbruck

Reutte in Tirol war schließlich der Ort, an dem sein langersehnter Berufswunsch in Erfüllung gehen sollte, nämlich die Priesterweihe. Dort befand sich bis 2014 ein Kloster der Franziskaner. Die Kirche St. Anna war die Kirche des Klosters, sie ist heute Pfarrkirche.

Abb. 27: Ehemaliges Franziskanerkloster Reutte (Tirol) mit der Kirche St. Anna

Abb. 28: Innenraum der Kirche St. Anna

Slavko Barbarić war am 19. Dezember 1971 der einzige Weihekandidat.

Die Messe war auf 10.30 Uhr angesetzt.

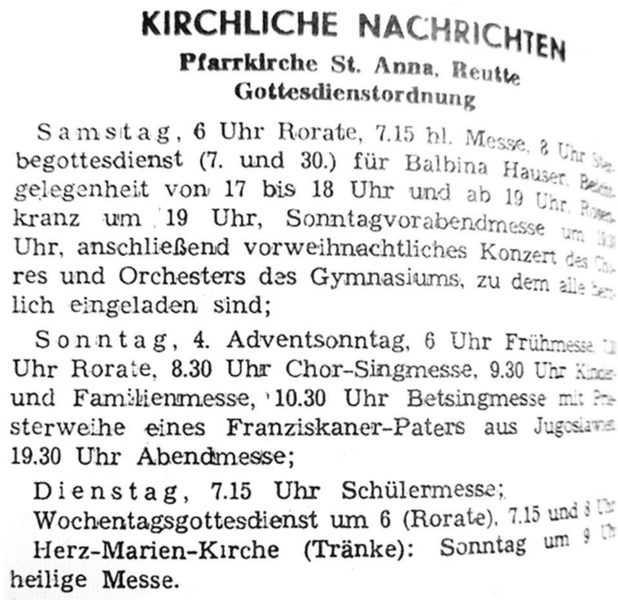

KIRCHLICHE NACHRICHTEN

Pfarrkirche St. Anna, Reutte
Gottesdienstordnung

Samstag, 6 Uhr Rorate, 7.15 hl. Messe, 8 Uhr Sie-begottesdienst (7. und 30.) für Balbina Hauser, Beichtgelegenheit von 17 bis 18 Uhr und ab 19 Uhr, Rosenkranz um 19 Uhr, Sonntagvorabendmesse um … Uhr, anschließend vorweihnachtliches Konzert des Chores und Orchesters des Gymnasiums, zu dem alle … lich eingeladen sind;

Sonntag, 4. Adventsonntag, 6 Uhr Frühmesse, … Uhr Rorate, 8.30 Uhr Chor-Singmesse, 9.30 Uhr Kinder- und Familienmesse, 10.30 Uhr Betsingmesse mit Priesterweihe eines Franziskaner-Paters aus Jugoslawien, 19.30 Uhr Abendmesse;

Dienstag, 7.15 Uhr Schülermesse;
Wochentagsgottesdienst um 6 (Rorate), 7.15 und 8 Uhr
Herz-Marien-Kirche (Tränke): Sonntag um 9 Uhr heilige Messe.

Abb. 29: Ankündigung der Messe in den „Außerferner Nachrichten“ vom 18. Dezember 1971

Vorgenommen wurde die Priesterweihe durch den aus Österreich stammenden Franziskanerbischof Tharsitius Senner, der zuletzt Bischof von Cochabamba in Bolivien war und sich im Ruhestand im Kloster in Reutte niedergelassen hatte.

Abb. 30: Bischof Tharsitius Senner

Nun hatte Gott dem jungen Franziskaner ein weiteres unauslöschliches Siegel eingeprägt, ein Siegel, das von Gott niemals zurückgenommen wird und auch nach dem Tod in der Seele eines Priesters eingeprägt bleibt.

Seine Primiz feierte der Neupriester am 2. Januar 1972 in Čerín.

Abb. 31: Primiz in Čerín

Als Primizspruch wählte er eine Stelle aus dem Galaterbrief:

„Ihr aber, Brüder und Schwestern, seid zur Freiheit berufen. Allein seht zu, dass ihr durch die Freiheit nicht dem Fleisch Raum gebt, sondern durch die Liebe diene einer dem andern." (Gal 5,13)

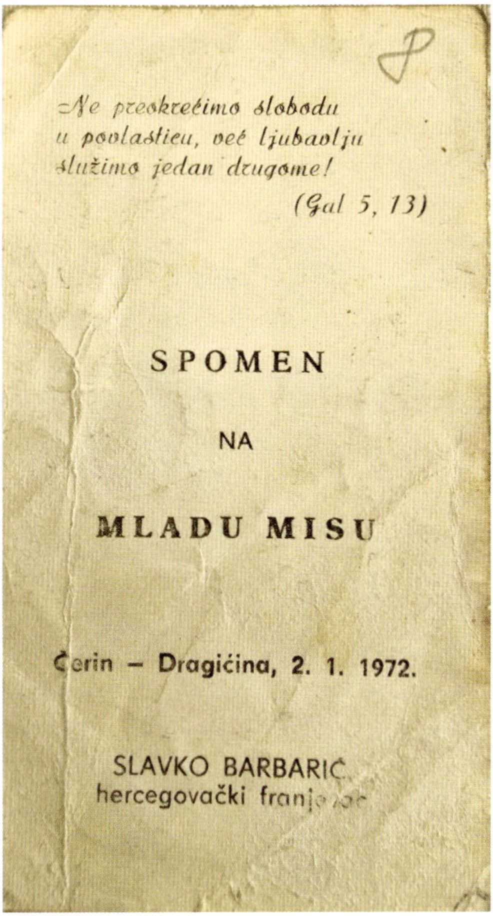

„Ne preokrećimo slobodu u povlasticu, već ljubavlju služimo jedan drugome!

(Gal 5, 13)

SPOMEN

NA

MLADU MISU

Čerin – Dragićina, 2. 1. 1972.

SLAVKO BARBARIĆ
hercegovački franj[illegible]

Abb. 32: Andenken an seine Primiz

8 Seelsorger in Frohnleiten, Studium und Magister in Graz

Nach seiner Primiz stellte sich die Frage, welches sein erster Wirkungsort als Neupriester werden sollte. Der Orden entschied, ihn zunächst weiterhin in Österreich einzusetzen.

Sein Weg führte ihn nach Frohnleiten in der Steiermark. In der Stadt leben heute rund 6.500 Einwohner. Sie liegt im Bezirk Graz-Umgebung.[1]

Abb. 33: Blick auf den Stadtkern von Frohnleiten (vom Gschwendtberg aus gesehen)

In Frohnleiten gab es ein Franziskanerkloster mit einer dazugehörigen Klosterkirche. Dort waren bis August 2018 Franziskaner aus Mostar ansässig.

Abb. 34: Ehemaliges Franziskanerkloster Frohnleiten

Pater Slavko wurde mit der Gemeindeseelsorge und mit dem Religionsunterricht betraut. Dabei lag ihm die Jugendarbeit besonders am Herzen. Er fühlte sich dort ausgesprochen wohl und gut angenommen. So fiel denn der Abschied nach eineinhalb Jahren nicht leicht.

Abb. 35: Pater Slavko während seiner Zeit in Frohnleiten

In diese Zeit fiel auch seine Diplomarbeit. Sie trägt den Titel „Verkündigung als Ereignis in der Gemeinde". Pater Slavko setzte sich in ihr mit einer zeitgemäßen Verkündigung des Glaubens auseinander. Wir könnten das Ziel seiner Überlegungen salopp mit einer Fragestellung zusammenfassen: Wie sage ich es meinem Kinde in heutiger Zeit?

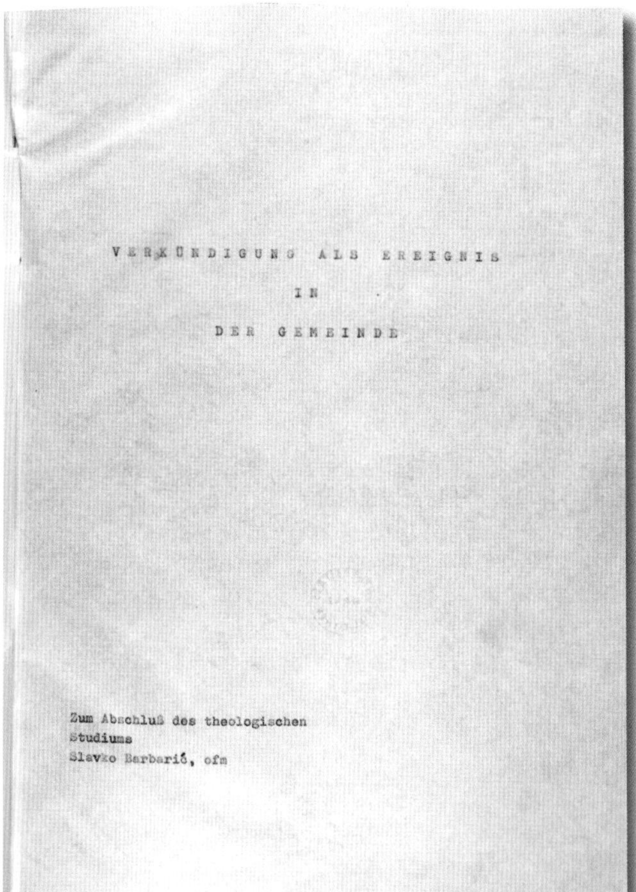

V E R K Ü N D I G U N G   A L S   E R E I G N I S

I N

D E R   G E M E I N D E

Zum Abschluß des theologischen
Studiums
Slavko Barbarić, ofm

Abb. 36: Titelseite seiner Diplomarbeit

Es ist erstaunlich, mit welch innovativen Ideen er die Leserinnen und Leser seiner Diplomarbeit konfrontiert. Nicht nur die Sprache als solche ist Gegenstand seiner Erörterungen, sondern seine Forderungen nach einer zeitgemäßen Verkündigung reichen bis hin zum Einsatz moderner technischer Medien. Damit war er seiner Zeit weit voraus.

An einer Stelle wird dies beispielhaft und besonders deutlich[2]:

Je mehr man an den Hörer als ein Ganzes herantritt, (Gefühl, Verstand, Motivation des Willens), desto stärker und dauerhafter ist die Wirkung. Eine Statistik ist hier am Platze. Der Mensch nimmt unter den jeweils gleichen Rezeptionsbedingungen auf:

10 % dessen, was er liest;
20 % dessen, was er hört;
30 % dessen, was er sieht;
40 % dessen, was er hört und sieht;
60 % dessen, was er hört und sieht und diskutiert;
80 % dessen, was er durch eigenes Suchen entdeckt;
90 % dessen, was er entdeckt hat, wofür er kämpfen und leiden muß.

Deshalb sind alle Versuche in der Verkündung, die darauf zielen, den Menschen als Ganzes anzusprechen, zu begrüßen. Z. B. daß man während des Sprechens auf einer Leinwand Sprichwörter oder passende Bilder zeigt oder Musik macht. Das wird das Wort eher intensivieren als vermindern. Denken wir an die Technik der Filme. Hier ist jedoch noch viel umzudenken. Überall wird es Schwierigkeiten geben, aber wenn wir unsere Aufgabe ernst nehmen wollen, das Wort Gottes weiterzugeben, was kann oder darf uns davon ablenken. Technische Geräte sind verhältnismäßig leicht zu bekommen. Natürlich sind viele Kirchen dazu ungeeignet, doch läßt sich durch Versuchen meistens eine Lösung finden.

Abb. 37: Auszug aus der Diplomarbeit von Pater Slavko

Ohne es zu ahnen oder gar zu wissen, bereitete sich Pater Slavko u.a. mit dieser Arbeit auf seine große Aufgabe in Medjugorje vor.

Er erzielte an der Universität in Graz beachtliche Prüfungsergebnisse:

Prüfung	Note	Datum
Prüfungen an der Universität Graz		
Ethik	gut	15.1.1973
NT - Synoptische Fragen	gut	16.1.1973
Dogmatik	gut	8.2.1973
Moraltheologie	gut	23.3.1973
Katechetik	gut	27.2.1973
Gesellschaftslehre	gut	8.6.1973
Katechetische Übungen	gut	8.6.1973
Katechetisches Proseminar	sehr gut	8.6.1973
Pastoraltheol.Seminar	sehr gut	8.6.1973
Kirchenrecht	gut	8.6.1973
Pastoraltheologie	sehr gut	13.6.1973
Religionspädagogik	gut	16.6.1973
Geschichte d.Philosophie	gut	18.6.1973

Abb. 38: Prüfungsergebnisse von Pater Slavko an der Universität in Graz

Pater Slavko erwarb danach am 6. Juli 1973 an der Universität in Graz seinen „Magister der Theologie“ (Mag. theol.).

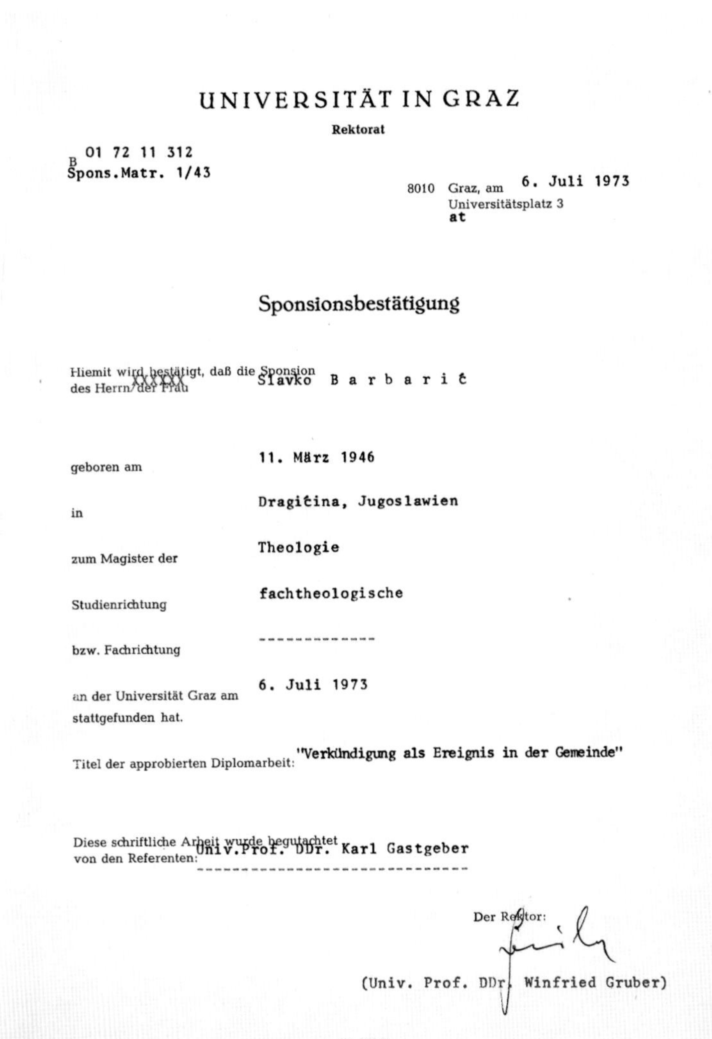

UNIVERSITÄT IN GRAZ

Rektorat

B 01 72 11 312
Spons.Matr. 1/43

8010 Graz, am 6. Juli 1973
Universitätsplatz 3
at

Sponsionsbestätigung

Hiemit wird bestätigt, daß die Sponsion des Herrn/der Frau Slavko B a r b a r i č

geboren am 11. März 1946

in Dragičina, Jugoslawien

zum Magister der Theologie

Studienrichtung fachtheologische

bzw. Fachrichtung -------------

an der Universität Graz am 6. Juli 1973 stattgefunden hat.

Titel der approbierten Diplomarbeit: "Verkündigung als Ereignis in der Gemeinde"

Diese schriftliche Arbeit wurde begutachtet von den Referenten: Univ.Prof. DDr. Karl Gastgeber

Der Rektor:

(Univ. Prof. DDr. Winfried Gruber)

LDr. 3948-72

Abb. 39: Sponsionsbestätigung der Universität Graz

9 Kaplan in Čapljina

Nächste Lebensstation wurde 1973 Čapljina, das 15 km von Medjugorje entfernt liegt. Hier wurde der junge Priester als Kaplan eingesetzt. Dabei bildete wiederum die Jugendarbeit einen seiner Schwerpunkte. Auch an diesem Einsatzort zeigte sich schon bald seine Innovationsfreude. Mit der üblichen seelsorglichen Arbeit gab sich Pater Slavko nicht ganz zufrieden.

Abb. 40: Čapljina

Für Jugendliche führte er regelmäßige Glaubens- und Gebetskreise ein. Er war sich auch nicht zu schade, ihnen bei der Vorbereitung auf schulische Prüfungen zu helfen.

Schwester Ivanka Vasilj von der Gemeinschaft Maria Königin des Friedens in Medjugorje kann sich an die Zeit mit Pater Slavko in Čapljina noch sehr gut erinnern:

„In der Schule haben wir während des Kommunismus gelernt, dass es einen Gott nicht gibt. Wir hatten ein Fach, das Marxismus hieß… und da hat es geheißen, dass der Glaube eine Utopie sei, dass der Glaube an das ewige Leben Opium des Volkes sei… Zu Hause hat man uns etwas anderes erzählt.

Pater Slavko Barbarić war mein erster Religionslehrer, der damals Kaplan in Čapljina war. Es war seine erste Kaplanstelle [in der Herzegowina]. Man muss sich das so vorstellen, dass wir keinen Religionsunterricht in der Schule hatten. In der Schule war das streng verboten, in der Schule hat man das auch nicht sagen dürfen, dass wir zum Religionsunterricht in die Kirche gehen. Also, Pater Slavko ist einmal in der Woche in die Kirche gekommen, die ca. 200 m oberhalb der Schule lag. Da hat er auf uns nach der Schule gewartet, um für uns Religionsunterricht zu halten. Er ist immer mit seiner Ziehharmonika gekommen und hat mit uns gesungen. Ich habe heute noch Erinnerungen an seine Erzählungen vom Alten Testament, von Josef, wie ihn seine Brüder verkauft haben, oder von Abraham, wo er Isaak opfern wollte. Er hat uns auf die Erstkommunion vorbereitet. Ich erinnere mich, dass er dort gesessen ist und gesagt hat: ‚Na komm jeder einzelne zu mir'. Er hat uns ermutigt und Tipps gegeben. Er konnte wirklich gut mit den Kindern umgehen. Ich sage manchmal, wir waren alle richtig verliebt in ihn, man hat ihn sehr gern gehabt.

Ich hatte in den ersten beiden Klassen eine Lehrerin, die eigentlich Muslimin war. Sie hat Kommunistin sein müssen, aber vom Namen her wussten wir, dass sie aus einer muslimischen Familie stammte. Und sie musste Kommunistin sein, weil sonst hätte sie keinen Posten als Lehrerin bekommen. Und sie hat gewusst, dass wir einmal in der Woche nach dem Schulunterricht zur Kirche hinaufgehen, sie hat aber nichts gesagt. Das war wie ein öffentliches Geheimnis. Wir haben einmal etwas gemacht, was ihr nicht gepasst hat. Wir waren an diesem Tag nicht brav in der Schule, und sie sagte: ‚Jetzt als Strafe bleibt ihr länger und schreibt eine

Schularbeit.' Wir waren schon nervös, weil wir wussten, dass Pater Slavko schon auf uns wartete, und wir kamen nicht aus der Schule raus. Ich habe noch in Erinnerung, dass sich Pater Slavko Sorgen gemacht hat, was mit uns los ist. Er kam in seiner Kutte zur Schule und ich saß am Fenster und habe gesehen, wie er mit seiner dicken Brille durch das Fenster schaute. Er sah, dass wir drinnen saßen und ging zurück, um auf uns zu warten. Aber die Lehrerin verstand das. Sie hatte es nicht erwähnt und sie war so nett und sagte dann zu uns: ‚Okay Kinder, das passt für heute, morgen macht ihr weiter, für heute seid ihr frei.' Wir liefen dann zu Pater Slavko hinauf. Er hatte sich Sorgen gemacht, dass uns etwas passiert sei."[1]

Sein ausgeprägtes Organisationstalent ließ ihn große Jugendtreffen organisieren. Die Erfahrungen, die er damit gewann, sollten ihm später in Medjugorje bei den Jugendfestivals zugutekommen. Am 17. August 1975 war es soweit. Das erste Jugendtreffen in Široki Brijeg konnte starten. Die Begeisterung war groß, und so verwundert es nicht, dass diese Treffen jedes Jahr wiederholt wurden.

Abb. 41: Široki Brijeg

Pater Slavko war schon damals so engagiert, dass für Freizeit und Familie nur wenig Zeit blieb.

Abb. 42: Pater Slavko bei einem Geburtstag im Jahr 1976

Kurz vor dem Ende seiner Zeit in Čapljina führte er Jugendliche aus seiner Pfarrei an seinen früheren Wirkungsort in Österreich, nach Frohnleiten.

10 Dr. Slavko Barbarić – die Promotion

Noch einmal kam Pater Slavko zu Studien in den deutschsprachigen Raum, denn 1978 bis 1981 bzw. 1982 sollte Freiburg i.Br. zu seiner Wirkungsstätte werden.

Dort wohnte er im Franziskanerkloster in der Günterstalstr. 59, das heute eine Schule ist.

Abb. 43: Ehemaliges Franziskanerkloster in der Günterstalstr. 59 in Freiburg

In Freiburg galt es, das Studium mit der Promotion zu krönen.

Das Thema seiner Dissertation lautete: „Umkehr als fundamentale Lehr- und Lernaufgabe christlicher Erwachsenenbildung“. Doktorvater war Prof. Dr. Günter Biemer.

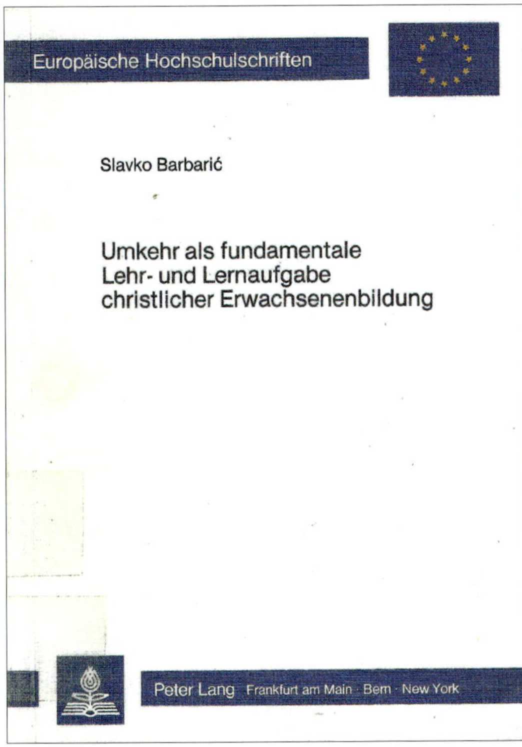

Abb. 44: Dissertation von Slavko Barbarić

Mit diesem Thema schien ihn die Gospa für seine spätere Aufgabe in Medjugorje geradezu prädestiniert zu haben. Umkehr ist ein nicht ganz einfaches, aber aus christlicher Sicht grundlegendes Prinzip im Verhältnis zu Gott. Und genau dieses Thema betrachtete Slavko Barbarić in seiner Dissertation. Die Arbeit, die er in der Universität Freiburg einreichte, umfasste 446 Seiten. Es lohnt sich, sie näher zu betrachten.

In seinem Vorwort stellte Pater Slavko die eigentliche Leitfrage seiner Arbeit:

„Wie muss ‚Umkehr' gelehrt werden, damit sie gelernt werden kann?"[1]

Er zeigt sodann den Stand der lehramtlichen Aussagen und Dokumente auf und führt uns zu diesem Thema durch die einschlägigen Stellen des Alten und Neuen Testaments.

Einen großen Teil seiner Dissertation beansprucht das praktische Beispiel der Cursillobewegung. Damit spannt Pater Slavko den Bogen von den theoretischen Grundlagen zur praktischen Umsetzung, mit der seine Arbeit ihren Abschluss findet.

Aus der Promotionsakte der Theologischen Fakultät der Albert-Ludwigs-Universität Freiburg ist ersichtlich, dass die beiden Gutachter die Dissertation mit 2,0 und „magna cum laude" bewertet haben. In der mündlichen Prüfung erreichte Pater Slavko in christlicher Religionsphilosophie die Note 1,0, in Kirchengeschichte 2,3, in Dogmatik 2,3 sowie in Exegese und Theologie NT 4,0. Dies ergab für die mündliche Prüfung insgesamt eine Benotung von 2,4. Nachdem die Dissertation bei der Errechnung der Gesamtnote für die Promotion doppelt zählte, ergab sich eine Schlussnote von 2,1, was das Gesamturteil „magna cum laude" rechtfertigte.

Prof. Dr. Günter Biemer schrieb in seinem Gutachten zur Dissertation von Pater Slavko in der abschließenden Beurteilung:

„Bei der Arbeit von Pater Slavko handelt es sich um ein Werk von enormem Fleiß sowohl im Blick auf die „hermeneutischen" Kapitel als auch insbesondere im Blick auf die von ihm eigenständig erworbenen Kenntnisse für die Durchführung der empirisch-analytischen Untersuchung…"[2]

Slavko Barbarić wurde am 28.10.1982 der Doktortitel zuerkannt.

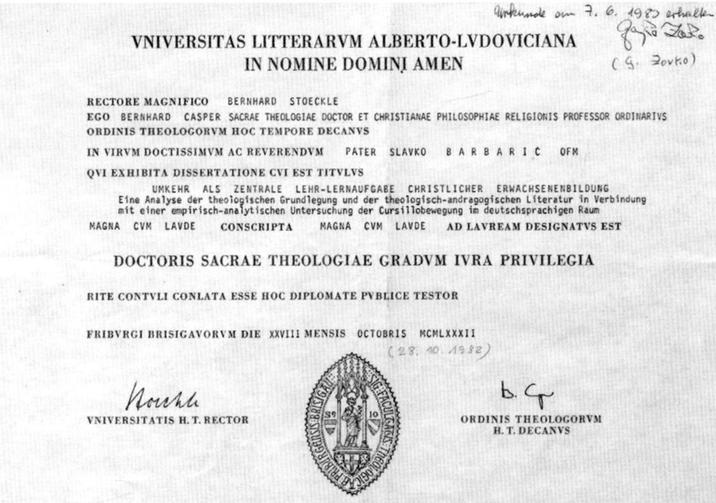

VNIVERSITAS LITTERARVM ALBERTO-LVDOVICIANA
IN NOMINE DOMINI AMEN

RECTORE MAGNIFICO BERNHARD STOECKLE
EGO BERNHARD CASPER SACRAE THEOLOGIAE DOCTOR ET CHRISTIANAE PHILOSOPHIAE RELIGIONIS PROFESSOR ORDINARIVS
ORDINIS THEOLOGORVM HOC TEMPORE DECANVS

IN VIRVM DOCTISSIMVM AC REVERENDVM PATER SLAVKO B A R B A R I Ć OFM

QVI EXHIBITA DISSERTATIONE CVI EST TITVLVS
UMKEHR ALS ZENTRALE LEHR-LERNAUFGABE CHRISTLICHER ERWACHSENENBILDUNG
Eine Analyse der theologischen Grundlegung und der theologisch-andragogischen Literatur in Verbindung mit einer empirisch-analytischen Untersuchung der Cursillobewegung im deutschsprachigen Raum
MAGNA CVM LAVDE CONSCRIPTA MAGNA CVM LAVDE AD LAVREAM DESIGNATVS EST

DOCTORIS SACRAE THEOLOGIAE GRADVM IVRA PRIVILEGIA

RITE CONTVLI CONLATA ESSE HOC DIPLOMATE PVBLICE TESTOR

FRIBVRGI BRISIGAVORVM DIE XXVIII MENSIS OCTOBRIS MCMLXXXII
(28. 10. 1982)

VNIVERSITATIS H. T. RECTOR

ORDINIS THEOLOGORVM
H. T. DECANVS

Abb. 45: Promotionsurkunde der Albert-Ludwigs-Universität Freiburg

Dass die Dissertation für Slavko Barbarić nicht nur akademische Theorie war, sondern dass er sie auch aktiv verkündete und selbst lebte, sollten die nächsten Jahre anschaulich belegen. Die Gospa hätte jedenfalls keinen Besseren für das Wirken in Medjugorje aussuchen können. Er sollte die Idealbesetzung werden!

Während seiner Freiburger Studienzeit absolvierte Pater Slavko auch Fortbildungen.

Dazu gehörte die sogenannte „Personenzentrierte Gesprächstherapie" des humanistisch geprägten amerikanischen Psychologen und Psychotherapeuten Carl Rogers. Dieser entwickelte eine Therapieform, bei der der Therapeut einem hilfesuchenden Menschen nicht eine Lösung überstülpt, sondern er nimmt eher eine zuhörende und unterstützende Rolle ein, ist also quasi Moderator. Mit dessen Hilfe soll ein Mensch letztendlich seine Sorgen und Nöte immer mehr freilegen, aber auch positive Gefühle entwickeln, um die Lösung selbst zu finden.

Abb. 46: Carl Rogers

Um dieses Ziel zu erreichen, hat ein Therapeut hohe Anforderungen zu erfüllen. Zunächst muss einem Hilfesuchenden uneingeschränkte Wertschätzung entgegengebracht werden. Der andere soll in diesem Moment der „wichtigste Mensch in der Welt“ sein.

Daneben ist Empathie etwas, was für den Erfolg unabdingbar ist. Der Therapeut versucht, die geschilderten Probleme mit den Augen des anderen zu sehen. Wir könnten auch sagen, dass der Therapierende „in seinen Schuhen gehen“ muss.

Letztendlich ist der Therapeut der „Spiegel“ für das, was er vom anderen hört. Das Bewusstmachen unbeachteter Aspekte versetzt den Hilfesuchenden so in die Lage, eigene Lösungen zu entwickeln, die damit bei ihm auch auf keinerlei inneren Widerstand stoßen und ihm Selbstvertrauen und Motivation für die Umsetzung geben.

Neben der Gesprächstherapie nach Rogers absolvierte Pater Slavko auch einen Spezialkurs in mystischer Theologie im Meditationszentrum in Tholey/Saar, und wurde zertifizierter Leiter von spirituellen Übungen nach den internen Prinzipien dieses Zentrums.

Die verschiedenen Ausbildungen, die Pater Slavko neben seinem Studium erhielt, vermittelten ihm wertvolle Hilfen und Impulse für seine seelsorgliche Arbeit am Menschen. Die Methode von Carl Rogers begleitete ihn ein Leben lang. Allerdings dürfen wir den Erkenntnisgewinn von solchen Kursen auch nicht überschätzen, denn er umfasste nur einen kleinen Teil des großen Gebietes der Psychologie. Damals durfte sich jeder Psychotherapeut nennen, denn der Begriff war, im Gegensatz zu heute, zumindest in Deutschland gesetzlich nicht geschützt.[3] Sehen wir daher die Kurse für Pater Slavko einfach eher als Fortbildungsmaßnahmen eines Priesters an.

Bruder Bernardin Marker lebte mit Pater Slavko im Franziskanerkloster in Freiburg. Er kann sich an den Studenten aus der Herzegowina noch recht gut entsinnen:

Abb. 47:
Bruder Bernardin Marker

Abb. 48: Das Foto entstand höchstwahrscheinlich während seiner Freiburger Studienzeit, als er an Weihnachten zu Hause war.

„1978 kam ich in das Franziskanerkloster in der Günterstalstraße 59 in Freiburg. Ich studierte damals Mathematik und Physik für das Lehramt. In unserem Haus lebten auch einige ausländische Studenten, die an ihrer Dissertation arbeiteten. Selbstverständlich kam ich mit den dortigen Theologiestudenten in Kontakt, zumal mich diese Materie auch sehr interessierte und ich daher die eine oder andere Theologievorlesung besuchte.

Kurz nach mir kam dann Pater Slavko in das Haus, der mir schon dadurch auffiel, dass er sehr bescheiden auftrat. Ich meine mich zu erinnern, dass er damals noch nicht ganz so fließend Deutsch sprach. Er hatte eine heitere und lebensfrohe Grundhaltung. Gerne trank er auch mal ein Glas Wein, wenn wir Studenten zusammensaßen. Als Ronald Reagan Präsident der Vereinigten Staaten wurde, da sagte Pater Slavko öfters herzhaft lachend: ‚Wie ist das Wetter seit Neuestem in den USA? Nur noch Reagan (Regen), Reagan (Regen), Reagan (Regen)'.

Öfters sah ich ihn barfuß durchs Haus gehen. Er sagte dazu, dass ihm dies nichts ausmache, weil er das von Kind auf gewohnt sei.

Pater Slavko studierte bei Prof. Biemer. Ich weiß natürlich nicht, was es konkret für Schwierigkeiten bei seiner Dissertation gab, aber manchmal rief er richtig stöhnend aus: ‚Ah, Biemer!'. Es gab offensichtlich Zeiten, wo er in seiner Arbeit nicht so vorwärtskam, wie er sich das selbst gewünscht hatte.

Am meisten blieb mir seine Frömmigkeit in Erinnerung. In unserer Klosterkapelle aus dem Jahr 1978 stand ein Altar aus Kiefernholz auf Ziegelstützen. Freitags fand während der Semesterzeit stets eine Studentenmesse statt. Nachdem Pater Slavko ja schon zum Priester geweiht war, leitete er hin und wieder diesen Gottesdienst. Ich konnte deutlich spüren, dass er dabei immer mit einer besonderen Zuneigung zur Eucharistie, ja geradezu mit einer ungewöhnlichen Ehrfurcht zelebrierte. Von ihm ging eine Faszination aus.

Einmal feierten wir eine Andacht, die Pater Slavko leitete. Spontan kam es danach zu einer Aussetzung des Allerheiligsten auf dem Altar. Es entstand eine sehr meditative Atmosphäre. Ich werde nie vergessen, wie er nach der Aussetzung hinter den Altar ging, ehrfurchtsvoll kniete und in dieser Haltung ergriffen verharrte. Das dauerte ca. 15 bis 20 Minuten. Ich war selber dabei so hingerissen, dass für mich diese demütige und fromme Haltung irgendwie das Gefühl von Unendlichkeit vermittelte. Das ging einfach durch Mark und Knochen. Ich sagte mir: ‚Slavko hat eine unheimlich anmutende Beziehung zu Jesus, der da auf dem Altar thront'.“[4]

11 Die Erscheinungen der Gospa

Noch während Pater Slavko an seiner Dissertation arbeitete, geschahen in seiner Heimat merkwürdige Dinge. Deshalb müssen wir bezüglich des chronologischen Ablaufs einen kleinen zeitlichen Schritt zurück unternehmen.

Wir schreiben den 24. Juni 1981, den Festtag der Geburt des Hl. Johannes des Täufers. Medjugorje war eine bis dahin gänzlich unbekannte Ortschaft. Sie sollte an diesem Tag zum Schauplatz der Ereignisse werden, die den Ort in der gesamten Welt bekannt werden ließen. Ohne dem endgültigen Urteil der Kirche über die Echtheit der Ereignisse vorgreifen zu wollen, hat sich die Gospa, wie die Menschen in der Herzegowina die Muttergottes nennen, diesen Ort als besondere Gnadenstätte ihrer Erscheinungen erwählt, die bis heute immer noch anhalten.

Es ist freilich in einem Buch, das sich der Person und dem Leben von Pater Slavko Barbarić widmet, weder möglich noch sinnvoll, auf alle Geschehnisse bis zum heutigen Tage einzugehen. Es beschränkt die Erscheinungen auf das absolut Wesentliche. Die ersten sieben Tage davon sollen allerdings ausführlich beschrieben werden.

Lernen wir aber zunächst die Hauptakteure der Geschehnisse kennen.

Beginnen wir mit **Vicka Ivanković-Mijatović**. Sie wurde am 3. September 1964 geboren. Zum Zeitpunkt der ersten Erscheinung war sie 16 Jahre alt. Sie war die älteste in der Seherschaft. Ihr Vater Pero lebte als „Gastarbeiter“ in Deutschland. Sie war die älteste von acht Kindern und hatte vier Schwestern und drei Brüder. Außerdem ist sie die Cousine von Ivanka.

Abb. 49: Vicka Ivanković-Mijatović

Neben ihr gehört **Ivan Dragičević** zur Seherschaft, der am 25. Mai 1965 geboren wurde. Bei der ersten Erscheinung war er sechzehn Jahre alt. Seine Eltern Zlata und Stanko waren Bauern. Er war der älteste von drei Brüdern.

Abb. 50: Ivan Dragičević

Marija Pavlović-Lunetti ist eine weitere Seherin. Sie wurde am 1. April 1965 geboren. Marija war 16 Jahre alt und besuchte die Friseurschule in Mostar, als die Erscheinungen begannen. Sie war die Tochter der Landwirte Iva und Filip und hatte fünf Geschwister.

Abb. 51: Marija Pavlović-Lunetti

Der nächste in der Reihe ist **Jakov Čolo**, der am 6. März 1971 das Licht der Welt erblickte. Bei der ersten Erscheinung war er gerade zehn Jahre alt und damit der Jüngste unter den Sehern. Mirjana ist seine Cousine.

Abb. 52: Jakov Čolo mit seiner Mutter

Wir kommen zu **Ivanka Ivanković-Elez**. Sie wurde am 21. Juni 1966 geboren und war bei den Erscheinungen 15 Jahre alt. Ihr Vater war „Gastarbeiter" in Deutschland. Ihre Mutter Jagoda verstarb zwei Monate vor Beginn der Erscheinungen. Ivanka hat eine Schwester und einen Bruder.

Abb. 53: Ivanka Ivanković-Elez

Die nächste Seherin ist **Mirjana Dragičević-Soldo**, geboren am 18. März 1965 in Sarajevo. Bei der ersten Erscheinung war sie 16 Jahre alt. Ihre Mutter Milena war Arbeiterin, ihr Vater Jozo Röntgentechniker. Sie hat einen jüngeren Bruder und ist die Cousine von Jakov. Die Familie lebte zwar in Sarajevo, aber im Sommer hielt Mirjana sich bei ihren Großeltern in Medjugorje auf.

Abb. 54: Mirjana Dragičević-Soldo

Die letzten beiden Seher sind **Ivan Ivanković** und **Milka Pavlović**. Sie waren nur am 24. Juni 1981 beteiligt. Danach sahen sie die Gospa nie wieder, so dass sie hier biografisch nicht weiter beschrieben werden sollen.

Abb. 55: Die Sehergruppe während einer Erscheinung

Nun aber zu den ersten sieben Tagen der Erscheinungen!

Mittwoch, 24. Juni 1981 – der erste Tag

Mirjana hatte sich zu einem Spaziergang mit ihrer Freundin Ivanka verabredet, die erst vor wenigen Wochen ihre Mutter verloren hatte. Es war gegen 17 Uhr und die beiden Teenager wollten in Ruhe miteinander reden. Sie wählten einen Weg am Fuße des Podbrdo, der heute auch Erscheinungsberg genannt wird.

Abb. 56: Luftaufnahme des Erscheinungsberges

Dabei kamen sie am Elternhaus von Vicka vorbei, die sie auf ihrem Spaziergang mitnehmen wollten, doch sie hielt sich auswärts auf. Die beiden Mädchen ließen ihr ausrichten, dass sie nachkommen solle.

Auf ihrem Spaziergang setzten sich Mirjana und Ivanka am Fuße des Podbrdo nieder. Als Ivanka dabei zum Berg hinaufblickte, sah sie die Umrisse einer Frau, die über dem Boden schwebte und ein Kind auf ihrem Arm hielt. Als sie Mirjana sagte, sie glaube, die Gospa zu sehen, winkte Mirjana schroff ab mit den Worten: „Ja, sie hat nichts anderes zu tun, als zu mir und Dir zu kommen." Verärgert darüber, dass ihre Freundin für sie den Namen der Gospa ganz offensichtlich zum Spaß missbrauchte, ließ sie Ivanka stehen und lief ins Dorf zurück. Am Dorfrand wurde sie aber plötzlich von einem dranghaften Verlangen erfasst, zurückzugehen, was sie dann auch tat. Sie traf Ivanka genau an der Stelle an, wo sie sich von ihr trennte. Ivanka forderte Mirjana auf, auch zum Berg hochzublicken. Nun sah auch sie die schöne Frau, die ein graues Kleid trug.

Die beiden Mädchen trauten sich nicht, sich der Erscheinung zu nähern. Schließlich machten sie sich verängstigt auf den Rückweg. Dabei trafen sie die 13jährige Milka, die sie bat, mit ihr zu ihren Schafen zu gehen. Dazu mussten sie den gleichen Weg zurückgehen und nun sahen alle drei die Gospa, die einen Schleier auf ihrem schwarzen Haar trug, der bis zum Boden reichte. Sie war ca. 20 Jahre alt und die drei konnten auf ihrem Haupt eine Sternenkrone wahrnehmen.

Vicka, die um die Mittagszeit nach Hause kam, war müde und schlief einige Stunden. Als sie aufwachte, machte sie sich auf den Weg. Unterwegs traf sie Marija, die sie aber wegen einer anderen Verpflichtung nicht begleiten konnte. Als Vicka den Fuß des Podbrdo erreichte, riefen ihr Ivanka, Mirjana und Milka ganz aufgeregt entgegen: „Vicka, Vicka, komm schauen! Vicka, die Gospa ist hier." Als sie sagten, die Gospa sei hier, rannte Vicka vor Schrecken nur noch weg. Als sie kurz vor dem Dorf war, traf sie Ivan Dragicevic und seinen Freund Ivan Ivankovic. Vicka erzählte den beiden, was die Freundinnen angeblich gesehen haben wollen. Die drei machten sich daraufhin auf den Weg zum Podbrdo. Ivan Dragicevic ergriff dort die Flucht, als er die Gospa sah. Die Gospa ermunterte die Gruppe mit ihren Händen, näher zu kommen. Die Angst saß den Jugendlichen aber so in den Gliedern, dass sie nach Hause liefen.

Die Nacht verlief für keinen aus der Seherschaft ruhig. Angst, Erwartung und Neugier mischten sich in ihren Köpfen.

Donnerstag, 25. Juni 1981 – der zweite Tag

Die Seherinnen und Seher hofften, die Gospa an diesem Tag erneut zu sehen, weshalb sie sich zur gleichen Zeit wie am Vortag auf den Weg machten.

Nachdem Vicka während des Tages Jakov und Marija versprochen hatte, sie zu rufen, wenn die Gospa erscheint, verständigte sie die beiden zuerst, bevor sie dann zusammen zur Straße unter dem Podbrdo gingen. Sie liefen so schnell nach oben, dass sie den Eindruck hatten, mitten durch Gestrüpp und zwischen den Felsen zu fliegen. Milka war nicht dabei, denn ihre Mutter hatte ihr verboten, mitzugehen. Auch Ivan Ivankovic fehlte.

Als sie oben angelangt waren, nahmen sie ein helles Licht wahr, und die Gospa erschien, allerdings hatte sie diesmal kein Kind mehr auf ihrem Arm.

Auf dem Berg hatten sich mindestens 130 Personen eingefunden, die die sechs in Ekstase erlebten.

Wiederum gab ihnen die Gospa ein Zeichen, näher zu kommen und tatsächlich gingen sie auf sie zu, knieten nieder und fingen an, zu beten.

Ivanka fragte die Gospa nun nach dem Verbleib ihrer verstorbenen Mutter, worauf die Gospa antwortete:

„Mach Dir keine Sorgen, es geht ihr gut. Sie ist bei mir im Himmel!"

Auf die Frage, ob sie morgen wieder erscheinen werde, nickte sie mit dem Kopf. Mit dem Gruß *„Gehet hin in Frieden, meine Engel!"* verabschiedete sich die Gospa an diesem zweiten Tag und entschwand.

Unten im Ort versuchten die Seherinnen und Seher, ihren Pfarrer zu informieren, aber Pater Jozo hielt sich auswärts auf.

Als Jahrtag der Erscheinungen gilt nicht der 24., sondern der 25. Juni, da an diesem Tag erstmals eine Kommunikation mit der Gospa stattfand.

Freitag, 26. Juni 1981 – der dritte Tag

Inzwischen hatte sich die Nachricht von den Ereignissen in Medjugorje und in der Umgebung wie ein Lauffeuer verbreitet.

Abends suchte die Sehergruppe zur gewohnten Zeit wieder den Weg auf den Podbrdo. Plötzlich konnten sie und viele der rund 2.000 Menschen, die sie begleiteten, einen Lichtblitz sehen, der drei Mal aufleuchtete. Er sollte ihnen zeigen, wo die Gospa heute stand.

Abb. 57: Auf dem Erscheinungsberg

Vicka erhielt von ihrer Großmutter Vida den Rat, ein Fläschchen mit Weihwasser mitzunehmen, um zu sehen, ob nicht Satan seine Finger im Spiel hatte. Vicka sagte zur Gospa, während sie sie mit Weihwasser besprengte:

„Wenn Du die Jungfrau Maria bist, dann bleib. Wenn Du das nicht bist, dann weiche von uns.“

Die Gospa lächelte über diese Aktion.

Ivanka fragte nach einer Botschaft ihrer verstorbenen Mutter, worauf die Gospa zu ihr sagte, dass ihre Mutter wünsche, dass sie der alten Großmutter gehorchen solle.

Mirjana stellte der Gospa die Frage, wer sie sei und sie antwortete:

„Ich bin die selige Jungfrau Maria."

Nach einem Abschiedsgruß entfernte sich die Gospa.

An diesem Tag ging Marija alleine nochmals zurück, und die Gospa erschien ihr erneut. Hinter ihr war ein Kreuz aus dunklem Holz ohne Corpus. Sie sagte traurig und mit Tränen in den Augen:

„Friede, Friede, Friede und nur Friede soll herrschen zwischen Gott und den Menschen und unter den Menschen!"

Abb. 58: An der Stelle, an der die Gospa Marija erschien, steht heute ein Holzkreuz.

Noch ahnte niemand, dass zehn Jahre später wirklich Krieg sein würde.

Nach einem gemeinsamen Gebet verabschiedete sich die Gospa.

Abb. 59: Statue der Gospa in Medjugorje (in einer Bildbearbeitung)

Samstag, 27. Juni 1981 – der vierte Tag

Die Nachrichten aus Medjugorje beunruhigten die kommunistischen Behörden von Tag zu Tag mehr.

So kamen am Vormittag des 27. Juni 1981 Polizisten aus Čitluk in die Elternhäuser und nahmen die Seherinnen und Seher mit auf die Polizeiwache. Von dort aus wurden sie einem Arzt vorgeführt, augenscheinlich in der Absicht, sie für verrückt erklären zu lassen. Erst am späten Nachmittag wurden sie schließlich freigelassen und konnten so gerade noch rechtzeitig zum Podbrdo gehen.

Wieder kündigte ein Lichtblitz die Gospa an. Unzählige Menschen gingen mit auf den Berg. Der Platz wurde so eng, dass jemand versehentlich auf den Schleier der Gospa trat, so dass sie für einige Augenblicke verschwand und dann wieder erschien.

Jakov fragte die Gospa, was sie von den (Franziskaner-) Patres wolle. Sie gab zur Antwort:

„Die Priester sollen ganz fest glauben, und sie sollen das Volk im Glauben bestärken."

Mirjana und Jakov baten die Gospa erneut um ein Zeichen, damit ihnen die Leute glauben und sie nicht weiter für Lügner und Schwindler halten würden. Die Gospa sagte hierzu nur:

„Fürchtet Euch nicht. Ungerechtigkeiten hat es schon immer gegeben."

Auch bei dieser Erscheinung fragten die Seherinnen und Seher die Gospa, ob sie wiederkommen würde, was sie mit einem Kopfnicken bejahte. Mit den Worten „Geht mit Gott, meine Engel! Geht in Frieden!" verabschiedete sich die Gospa an diesem vierten Tag.

Pater Jozo kam zur Mittagszeit von Exerzitien zurück. Überall standen Leute, die nur noch über eines sprachen: Die Erscheinungen der Gospa. Lassen wir Pater Jozo selbst zu Wort kommen, was sich bei seiner Ankunft abspielte:

Abb. 60: Pater Jozo

„Alle Pfarrangehörigen standen vor dem Pfarrhaus… Ich frage sie, was los sei. Die Frauen sagten zu mir: ‚Sechs Kinder!' – Aber woher kommen sie? – ‚Aus Bijakovici' – Das sind die Kinder von wem? – ‚Keine Ahnung!' Sie antworteten nervös. Alles war verworren…

Obwohl ich zu verstehen suchte, was mir die Pfarrangehörigen erzählten, dachte ich für mich, dass die Kommunisten die Kinder manipuliert hätten, um den Glauben lächerlich zu machen. Und ich sagte mir: ‚Du verlässt deine Pfarre gerade einen kurzen Augenblick, und schon spielen dir diese scheußlichen Kommunisten einen üblen Streich.'… Ich dachte, sie hätten den Kindern Drogen oder so etwas Ähnliches gegeben.

Also ich war gerade dabei, die Stiegen des Pfarrhauses hinaufzusteigen und ich fragte mich, wie ich darauf kommen könnte, wer dieses Gerücht verbreitete, als die Kinder aus einem Kleinbus ausstiegen… Ich sagte zu ihnen: ‚Und jetzt muss ich mit jedem von euch getrennt sprechen.' Sie haben das freudig angenommen…"[1]

Pater Jozo nahm die Einzelgespräche mit den Jugendlichen jeweils auf Band auf, um sie danach immer und immer wieder anhören zu können. Obwohl er nichts heraushören konnte, was auf irgendwelche Betrügereien hingedeutet hätte, war er doch so mit Vorurteilen behaftet, dass er die Seherinnen und Seher auch nach diesen Gesprächen noch für Lügner hielt.

Und wie reagierte die kommunistische Presse? Pater Jozo bleibt dies in tiefer Erinnerung:

„Ja, die Zeitungen der Kommunisten, die Zeitungen des Staates. Sie sagten, dass das klerikaler Nationalismus sei, dass das ein Wille sei, die Verfassung zu stürzen, dass das aus den Küchen von Mostar-Kaptol-Vatikan komme. Darüber konntest du nur lachen. Insbesondere konnte man lesen: Nun trägt die Muttergottes eine Ustasa-Uniform… Die Ereignisse von Medjugorje

wurden ein nationalistisches Problem! Und so haben die Verfolgungen begonnen..."[2]

Sonntag, 28. Juni 1981 – der fünfte Tag

Nach dem Besuch der Messe in der übervollen Kirche wollte Pater Jozo die Seherinnen und Seher einer weiteren Befragung unterziehen. Bereitwillig beantworteten sie ihm alles, was er wissen wollte.

Zur gewohnten Zeit suchten die Seherinnen und Seher abends wieder den Podbrdo auf. An diesem heißen Tag waren etwa 15.000 Menschen anwesend. Als sich die sechs niedergekniet hatten, erschien die Gospa.

Vicka plagte eine Frage, auf die sie zunächst keine Antwort wusste, nämlich warum die Gospa nicht in der Kirche erscheine und sie alle sehen könnten. Im Grunde zielte diese Frage auf ein Zeichen der Gospa ab, denn die Gruppe litt sehr unter den Anfeindungen mancher Menschen, die ihnen keinen Glauben schenken wollten. Die Gospa gab zur Antwort, was auch Jesus schon sagte:

„Selig, die glauben, ohne zu sehen."

Vicka fragte sie, was sie von den Menschen in der Gemeinde erwarte, worauf die Gospa antwortete:

„Dass sie glauben, dass ich hier bin, auch wenn sie mich nicht sehen."

Die Gospa versprach, wiederzukommen.

Montag, 29. Juni 1981 – der sechste Tag

Die kommunistischen Behörden wollten dem Treiben in Medjugorje nicht länger zusehen und diesem ein baldiges Ende setzen. Der Tag begann damit, dass die Seherinnen und Seher gezwungen wurden, sich in Mostar einer ärztlichen Untersuchung zu unterziehen. Die Behörden zielten darauf ab, sie als psychisch krank oder drogenabhängig abstempeln zu lassen.

Die sechs mussten vieles über sich ergehen lassen und keiner glaubte ihnen dort. Am Ende war die Ärztin aber wenigstens so ehrlich, zuzugeben, dass sie vollkommen gesund seien und vielmehr die verrückt seien, die sie nach Mostar gebracht hätten.

Auch der Einschüchterungsversuch der Behörden, als sie die sechs in eine Leichenhalle führten, um ihnen Angst zu machen, zeigte keine Früchte. Und so mussten sie wieder freigelassen werden, gerade noch rechtzeitig, um pünktlich auf dem Podbrdo zu sein.

Dort befanden sich unzählige Menschen. Nachdem die sechs niederknieten, erschien die Gospa. Die Jugendlichen trugen der Gospa ihre Sorge vor, dass sie die Angriffe der Behörden und derjenigen, die ihnen nicht glauben wollten, nicht aushalten würden. Daraufhin sagte die Gospa:

„Ihr werdet es aushalten, meine Engel. Habt keine Angst! Ihr werdet alles aushalten!“

An diesem Tag war ihnen die agnostische Ärztin Darinka Glamuzina gefolgt und beobachtete sie. Während der Erscheinung äußerte sie den Wunsch, die Gottesmutter zu berühren. Jahre später hielt diese Ärztin in Medjugorje einen Vortrag, in dem sie nach ihrer Bekehrung selbst über ihre Empfindungen berichtete. Daraus sollen Auszüge wiedergegeben werden:

„Zuerst war ich schockiert, dass so viele Menschen in Medjugorje im Haus von Vicka und in der ganzen Umgebung anwesend waren. Das war der 6. Tag der Erscheinungen, aber ich glaube, dass Tausende von Menschen in Medjugorje anwesend waren. Alles war voll. Ich muss euch sagen, dass ich eine sehr ehrgeizige Forscherin war. Ich habe von niemandem einen Auftrag bekommen,

etwas zu tun. Aber dieser Forschergeist brachte mich auf den Gedanken, dass ich eine gute Beobachterin, eine Psychologin sein muss, damit ich eine Lizenz als Psychologin haben kann. Damit ich sehen kann, dass all das, was geschieht, wirklich verrückt ist. Ich dachte, es sei meine Pflicht als Ärztin. Ich beobachtete Vicka und alle anderen Seher danach sehr genau. Was mir auffiel, war, dass alle im Haus von Vicka Rosenkränze in der Hand hielten und beteten.

In einem Moment stand Vicka einfach auf, bewegte sich blitzschnell und sagte: ‚Lass uns gehen'. Und es gab keine Chance, sie aufzuhalten. Also dachte ich, vielleicht ist es gut, dass ich mit ihr gehe und sehe, was passiert. Ich rannte hinter Vicka her und dann kamen plötzlich von verschiedenen Seiten die anderen Seher an den Ort, den sie heute als den Ort der ersten Erscheinung der Muttergottes kennen. Es war wie mit einem Zauberstab, der Kreis war leer. Tausende von Menschen saßen und dann sah ich, dass etwas geschehen würde, dass etwas mit dem Schicksal der Kinder geschehen würde. Ich war noch am Forschen und noch skeptisch. Ich hatte den sehnlichen Wunsch, dass dieser Wahnsinn gestoppt werden musste und zwar auf wissenschaftlichem und medizinischem Wege.

Ich stand neben Vicka, und die anderen standen in einer Reihe zusammen. Ich fragte Vicka, ob ich mich neben sie stellen dürfe. Sie sagte, ‚Ja, das kannst du'. Sie war die kommunikativste unter ihnen, und deshalb beschloss ich, neben ihr zu stehen, damit ich mich in diese Veranstaltungen einbringen und versuchen kann, etwas zu tun. Sie werden sehen. Ich war wieder schockiert, als sie auf einmal alle niederknieten, in einer einzigen Sekunde, und sie begannen gemeinsam zu beten. Zu beten, zu beten. Und schon in diesem Moment war ich überrascht, dass ‚dieses Etwas', das da geschah, auf eine außergewöhnliche geistliche Weise geschah. Sie knieten und beteten. Ich hatte Rosenkränze in der Hand, weil ich sie in Vickas Haus bekommen hatte. Zu dieser Zeit wusste ich nicht, wie man betet. Ich schaute die Seher an, was werden sie tun, wohin werden ihre Augen gerichtet sein und was wird in diesem Moment passieren?

Später verstand ich, dass ich der Außenseiter war, dass ich falsch lag und sie richtig. Aber das habe ich erst später verstanden. In diesem Moment dachte ich, dass ich die Gerechte bin und dass sie nicht gut sind, dass ‚dieses Etwas', das gerade geschehen ist, aufhören sollte. Wie interessant das alles war. Für mich dauerte das Gebet eine Weile, und nach diesem langen Gebet standen sie alle [auf] und ich dachte, das übertrifft alles, worüber ich mir Gedanken gemacht habe. Denn Vicka und alle anderen sagten: ‚Hier ist sie, hier ist sie'. Ich war natürlich schockiert, und Schock liegt außerhalb der menschlichen Logik. Ich habe immer noch geforscht und sie beobachtet, was sie taten, und sie schauten alle in eine Richtung, auf einen Punkt. Ihre Gesichter strahlten ein inneres Licht aus. Ich sah, dass ihre Emotionen mit dem übereinstimmten, was sie sahen.

Sie schauten auf dieses ‚Etwas' und waren erfreut und erstaunt, und das konnte ich sehen. Sie waren entzückt.

Und ich, eine von ihnen, eine skeptische Ärztin, eine zynische Ärztin, eine Agnostikerin. Ich sehe, dass in ihren Gesichtern etwas passiert, etwas, das die menschliche Logik übersteigt. Zu diesem Zeitpunkt dachte ich, ich wüsste alles über Medizin und Logik. Die Begeisterung der Kinder verbreitete sich unter den Leuten und der ganze Teil des Hügels war in einer erstaunlichen Stille, alle waren in einer Art Zustand der Glückseligkeit, und ich beobachtete das Geschehen.

Danach begann ich zu forschen und zu recherchieren, ich dachte, ich muss mich einmischen, ich muss Teil davon sein, denn ich fühlte mich schuldig, dass ich nicht Teil davon war, was auch immer da passierte.

Also fragte ich Vicka, ob ich demjenigen, den sie angeblich sehen, ein paar Fragen stellen könnte. Es war wieder ein Schock für mich, als Vicka zu mir sagte: ‚Ich werde die Gospa fragen'. Verstehen Sie die Sensibilität der Kommunikation? Sie hat nicht gesagt, dass ich sie fragen soll. Sie sagte: ‚Ich werde die Gospa fragen'. In diesem Moment habe ich verstanden, dass sie eine Beziehung zu jemandem hat, zu jemandem, den sie respektiert. Dann sagte sie zu mir: ‚Die Gospa hat gesagt, du kannst fragen'.

Also ich, der ich immer noch ein kluger Mensch bin, ein sehr kluger Mensch, frage: ‚Wer ist sie?' Vicka schaut mich so an, dass ich erkenne, dass sie auf eine Antwort wartet und dass ihr die Antwort gegeben wird.

Vicka antwortet mir: ‚Die Gospa sagt, dass sie die Königin des Friedens ist.' Das war eine Definition für eine Person, und ich dachte, was für eine Art von Frieden, denn wir haben ja Frieden. Ich habe es nicht verstanden. Ich erinnerte mich an diese Worte ‚Ich bin die Königin des Friedens', die ich tausendmal hörte, als wir während der Bombardierung und des Beschusses von Čitluk im Untergrund waren, als Tausende von Raketen auf die Stadt einschlugen. Wie bedeutsam das war. Die Zeit ist gekommen, in der wir keinen Frieden haben.

Die zweite Frage, die ich stellen wollte, und ich habe Vicka gesagt, dass sie sie fragen soll, warum sie hier erscheint? Warum hier in Bijakovici in Medjugorje? Ich habe das gefragt, weil diese Gegend für mich die ärmste, am meisten vernachlässigte Gegend im ehemaligen Jugoslawien war. Ich dachte sehr logisch: Wenn Gott existiert, dann ist er mächtig, er ist allmächtig. Es reicht also für ein kleines bisschen Donner, über der Kirche von Notre Dame in Paris zu hören, und wir alle werden wissen, dass Gott existiert. Warum also geschieht das alles hier in Medjugorje? Das waren meine Gedanken in diesem Moment, aber hören Sie sich die Antwort an. Vicka schaut die Gospa an, dreht sich zu mir und sagt: ‚Die Gospa hat gesagt, dass sie wegen des starken Glaubens hierhergekommen ist.' Das ist gut.

Also stelle ich weiter Fragen.

Ich erzähle diese Momente dieser Gespräche im Detail, damit Sie verstehen, dass die Kommunikation hergestellt wurde. Es gibt eine Kommunikation zwischen mir, Vicka und der Gospa. Und das war so offensichtlich. Dennoch, ich denke über die Probleme der Welt nach, wie wir Frieden in der Welt haben können, wenn es so viele Religionen und Konfessionen gibt, also sage ich das zu Vicka und Vicka sagt auf ihre Art: ‚Madonna, diese Frau hier fragt dich, wie wir Frieden in der Welt haben können, wenn es so viele Religionen gibt?' Ich sehe, dass Vicka wartet. Die Antwort kommt gleich. Ich sagte zu Vicka: ‚Was hat sie gesagt, was hat sie gesagt?' Sie sagte, dass es nur einen Glauben und einen Gott gibt. Und weil ich immer noch nicht genug habe, mache ich weiter. Ich dachte, wenn sie dieses ‚etwas, jemanden' vor sich als 3D-Person sehen können und ich nicht, sollte ich vielleicht versuchen, es ein wenig zu berühren. Vielleicht fühle ich dann etwas. Also frage ich Vicka, ob ich die Gospa berühren kann. Vicka fragt: ‚Kann diese Frau dich berühren?' Sie wartet auf die Antwort, und dieses ‚Etwas' sagt zu Vicka: ‚Ja, sie kann', und in diesem Moment dreht sich die ganze Welt in meinem Kopf. Der Punkt, an dem es kein Zurück mehr gibt. Ich kann jetzt nicht mehr zurück. Das ist es, was ich gesagt habe. Man gibt mir die Erlaubnis und ich muss weitermachen, aber ich weiß nicht, wo ich anfassen soll. Also Vicka zeigt auf mich, ‚hier, hier, hier'. Die Skepsis ist immer noch in mir, wenn auch weniger, aber sie ist immer noch da.

Ich kniete mich hin und versuchte, mit dem Wunsch, etwas zu fühlen, zu berühren, und in diesem Moment wurde mir bewusst, dass dieses ‚Etwas' nicht mehr da ist. Ich fühle, dass dieses ‚Etwas' weg ist, weggegangen ist, aber mit keinem der Sinne, die wir haben, könnte ich erklären, was passiert ist.

Ich wandte mich an Vicka und fragte sie: ‚Vicka, ist sie weg'? Und Vicka sagte: ‚Ja, sie ist weg.' Ich kehrte zu meinem Platz zurück und ich sah, dass die Seher sehr traurig waren, vielleicht sogar ein bisschen verängstigt. Also fragte ich: ‚Was hat die Muttergottes gesagt?' Und dann sagte Vicka, ‚Ja, sie hat etwas gesagt, sie hat etwas gesagt.' Ich fragte: ‚Was hat sie gesagt?' Sie sagte, dass es immer die Ungläubigen gibt, die Judasse. Können Sie sich das vorstellen? In diesem Moment der Wahrheit verstand ich in einer Sekunde, dass dieses ‚Etwas' die Seher vor mir selbst verteidigte. Dieses ‚Etwas' weiß, dass ich alles als Lüge aufdecken wollte. Dieses ‚Etwas' verteidigt die Kinder vor mir, einem Verräter. Ich war am Boden zerstört.

So sehr mich die Wahrheit auch erschütterte, irgendwo tief in mir blühte das Glück auf, denn ich konnte, weil ich die Wahrheit erkennen konnte, die für mich viel mehr Wert hat als eine bloße Lüge. Aus dieser Erfahrung ging ich völlig verwandelt. Ich weiß, alle Frauen werden das gut kennen, wir Frauen spüren unseren Körper gut, ich wusste, dass etwas geschehen war. Es ist etwas mit mir geschehen, und ich werde nie wieder derselbe Mensch sein. Ich kam nach Hause und nahm den Rosenkranz – die ganze Nacht konnte ich nicht einschlafen, die ganze Nacht habe ich gebetet: ‚Vergib mir, vergib mir, sei mir gnädig', die ganze Nacht lang. Ich, der ich nicht einmal wusste, wie ich die Rosenkranzperlen in der Hand halten sollte. Nach meinem Erlebnis gab es eine Art von Kette um die Seher, und es war sehr schwierig, sich ihnen zu nähern. Aber für mich brauchte ich einfach nichts anderes. Ich war völlig verwandelt. Ich ging als ein Mensch den Berg hinauf und kam als ein völlig anderer herunter. Ich dachte sogar, dass ich vielleicht einige Veränderungen an meinem Körper habe. Ich schaute auf meine Hände. Ich habe immer noch versucht, ihn zu erklären, diesen Quantensprung, aber in meinem Gewissen. Alles, was für mich in der Vergangenheit geschah, war etwas, das sagte, dass Gott nicht existiert. Jetzt konnte ich die Welt mit ganz anderen Augen sehen, und für mich… sah die Welt plötzlich sehr schön aus. Wunderschön, lobt Gott. Erstaunliches Leben. Die Tatsache, dass Gott existiert und für mich, Er existiert, dann ist alles anders. Dann bin ich ein Kind Gottes und wenn ich ein Kind Gottes bin, dann sind wir alle Kinder Gottes. Da gibt es keinen Unterschied. Wir sind alle kostbare menschliche Wesen, Kinder Gottes. Und diese Verwandlung begann damals und was dann geschah, war erstaunlich, es war fantastisch.“[3]

Am gleichen Tag wurde ein Kind, mit Namen Daniela Setka, wunderbar geheilt. Ihre Eltern hatten das Mädchen nach Medjugorje gebracht und besonders um eine Heilung für sie gebetet. Die Gospa hatte diese Heilung für den Fall versprochen, dass die Eltern beten und fasten und ganz fest glauben würden. Daraufhin wurde das Kind geheilt.

Dienstag, 30. Juni 1981 – der siebte Tag

Am 30. Juni 1981 überredeten zwei junge Frauen die Jugendlichen, eine Spazierfahrt mit dem Auto zu unternehmen. Weil die beiden jung waren, schöpften die Seherinnen und Seher keinen Verdacht. Sie stiegen in das Auto ein, nur Jakov blieb zu Hause.

In Wirklichkeit wollten die beiden Frauen die Jugendlichen davon abhalten, zur üblichen Zeit der Erscheinung auf dem Podbrdo zu sein. So fuhren sie in Nachbarorte und zu den Kravica-Wasserfällen.

Abb. 61: Kravica-Wasserfälle

Als die Zeit der Erscheinung immer näher rückte, erkannten die Jugendlichen die Falle, die ihnen gestellt worden war. Sie drohten, sich aus dem Auto zu stürzen, wenn sie nicht anhalten würden. Nach dieser Drohung hielten sie am Straßenrand und stiegen aus. Der Podbrdo war in Sichtweite und die Zeit für die erwartete Erscheinung war gekommen. Sobald sie ausgestiegen waren, begannen sie zu beten. Daraufhin sahen sie die Gospa vom Podbrdo zu ihnen herunter an den Straßenrand schweben. Die Gospa betete und sang mit den Jugendlichen, bevor sie an diesem Tag entschwand. Leid tat es den Jugendlichen um die vielen Menschen, die umsonst auf den Berg gestiegen waren.

Soweit die Geschichte der ersten sieben Tage.

Pater Jozo blieb zunächst sehr skeptisch. Am Sonntag, den 5. Juli 1981, musste er zusehen, wie sich am Spätnachmittag seine Kirche leerte, als es auf die Erscheinung hin zuging. Allein in der Kirche zurückgeblieben, suchte er Trost im Lesen der Bibel. Lassen wir ihn selbst davon erzählen:

„Ich selbst, ich fragte noch: ‚Mein Gott, warum sind meine armen Pfarrangehörigen so beeinflussbar? Irgendjemand sagt irgendetwas und sie glauben es, ohne nachzudenken! Warum ist mein Volk so?'"[4]

Aber dann geschah etwas Merkwürdiges. Pater Jozo hörte eine Stimme:

„Ich stand da, ich hörte mit meinem ganzen Wesen und ich habe gehört: ‚Geh hinaus und beschütze die Kinder!'... Ich bin überzeugt, dass das eine ‚akustische Stimme' war, eine Stimme, die jeder hätte hören können, wenn er bei mir gewesen wäre... Oh, in diesem Augenblick habe ich das Buch auf der Bank gelassen, ich habe mich vor Jesus niedergekniet und ich bin durch die Mitte der Kirche hinausgegangen... die Kinder sind von der linken Seite hergelaufen und haben geschrien: ‚Beschütze uns,

die Polizei verfolgt uns!' Ich wusste nicht, was in mir vorging; ich wusste nur, was die Kinder mir gerade sagten und was man tun musste. Ich habe die Tür des Pfarrhauses geöffnet und die meines Zimmers im Stock und habe ihnen gesagt: ‚Bleibt da und sprecht nicht.' Ich habe die Tür versperrt und bin wieder in den Hof hinuntergegangen... Ich stand im Hof und schaute zum Erscheinungsberg voller Menschen, als die Polizisten herbeigelaufen sind; jeder trug einen Knüppel in der Hand. Sie liefen der eine hinter dem anderen. Der eine von ihnen grüßt mich und er fragt mich: ‚Haben Sie die Kinder gesehen?' – ‚Ja, ich habe sie gesehen!' Und da fangen sie wieder an in Richtung Dorf zu laufen, weil sie wahrscheinlich glauben, dass ihnen die Kinder vor der Nase entwischt sind."[5]

Die Kinder erlebten an diesem Tag die Erscheinung im Pfarrhaus:

„Nach der Erscheinung haben mir die Kinder gesagt: ‚Die Muttergottes wird in der Kirche erscheinen.' – ‚Wie, in der Kirche? Ihr habt doch gesagt, dass sie auf dem Berg erscheint? Wie wird das vor sich gehen? Wie werdet ihr das machen?' – Da schaute mich der kleine Jakov mit einem unschuldigen Blick an und gab mir zur Antwort: ‚Warum willst du Dinge wissen, die wir selbst nicht wissen? So hat sie es gesagt. Was wissen denn wir, wie sie das machen wird?'... Und die Muttergottes ist in der Kirche erschienen. Ich habe dem versammelten Volk gesagt: ‚Meine lieben Pfarrangehörigen, ich wusste es nicht, aber jetzt kann ich euch sagen: Die Muttergottes ist hier unter uns!'"[6]

Seit dem 5. Juli 1981 war Pater Jozo vollkommen von der Echtheit der Erscheinungen überzeugt, wie übrigens sein Bischof schon vor ihm. Pater Jozo wurde zu einem glühenden Verteidiger der Seherinnen und Seher. Was ihm aber sehr zusetzte, war die Tatsache, dass sich der Bischof kurze Zeit später von den Erscheinungen distanzierte, nachdem ihm mit Gefängnis gedroht wurde.

Die Kommunisten sahen Medjugorje immer stärker als Bedrohung an. Zielscheibe der Angriffe war in erster Linie Pater Jozo, der eisern zu den Seherinnen und Sehern stand. Er wurde in den kommunistischen Medien mit Hasstiraden überschüttet, wie er zu berichten wusste:

„Dann haben sie sich der Medien bedient. Allmählich stand ich auf der Titelseite der Zeitungen. Kaum hatte ich bezeugt, dass ich an die Erscheinungen der Muttergottes glaube, wurde ich zum Feind erklärt. Eine Propagandakampagne hatte sich gegen mich erhoben: dass ich die Leute zum Krieg aufrufe, dass ich sie aufwiegele, die Anhänger der anderen Religionen, der anderen Nationen niederzumetzeln… ich wurde der unwahrscheinlichsten Absichten beschuldigt… Kurzum, ihrer Meinung nach war ich im Begriffe, eine Revolution zu schüren…“[7]

Pater Jozo stand mit beiden Beinen auf der Erde, und er sprach deswegen eine Befürchtung offen aus:

„Es lag in der Luft, dass eine Gefängnisstrafe auf mich wartete. Ich aber hatte keinerlei Angst…“[8]

Der 17. August 1981 sollte ein trauriger Tag für Medjugorje werden, denn die Auseinandersetzungen eskalierten. Hören wir hierzu wiederum den Bericht von Pater Jozo:

„… es war sehr früh am Morgen… Ich erinnere mich gut, denn ich war im Badezimmer. Pater Ferdo Vlasic, der die Nacht im Pfarrhaus verbracht hatte, hat mich gerufen und mir einfach gesagt: ‚Sie erwarten dich!‘ Ich bin im Schlafrock aus dem Badezimmer gegangen. Ein großer Mann ist eingetreten; er hat seinen Personalausweis herausgezogen und mich gebeten, ihm zu folgen… Ich musste in Zivilkleidern hinausgehen. Ich bin auf die Vortreppe hinausgegangen; die Polizisten haben mich in einen Golf der Polizei einsteigen lassen, der bei der Treppe geparkt war. Im Gefolge – ein Fahrzeug hinten und zwei vor dem Golf…“[9]

Pater Jozo wurde zu dreieinhalb Jahren Gefängnis verurteilt. Die Strafe wurde später verringert, so dass er die Strafanstalt Foča nach 19 Monaten verlassen konnte.

Der Verlust von Pater Jozo bedeutete für Medjugorje einen unersetzlichen Verlust. Aber dennoch ging der Betrieb in Medjugorje weiter.

12 Pater Slavko und die Seher

Pater Slavko wurde schon bald nach Beginn der Erscheinungen von seiner Schwester Sofija telefonisch in Freiburg unterrichtet. Zunächst fragte er sich, ob möglicherweise die Kommunisten diese angeblichen Erscheinungen inszeniert haben könnten, um die Kirche lächerlich zu machen.

Wir müssen jetzt nochmals einen kleinen Rückblick machen. Aus Deutschland zurückgekehrt, kam Pater Slavko im Januar 1982 erstmals seit den Erscheinungen nach Medjugorje. Seine Dissertation hatte er bereits eingereicht, aber erst 1982 konnte er die mündliche Prüfung ablegen. Pater Jozo brachte in einem späteren Interview seine Freude darüber zum Ausdruck, dass gerade Pater Slavko in Medjugorje zum Einsatz kam:

„Er ist 1982 nach Medjugorje gekommen, als ich im Gefängnis war. Ich freute mich, dass er da war, denn wir brauchten so sehr einen Intellektuellen und einen Priester."[1]

Pater Dietrich von Stockhausen weiß, dass Pater Slavko mit einer ziemlich vorgefertigten Meinung nach Medjugorje kam:

„Er hatte ja in Freiburg studiert und war damals theologisch auf der Linie seiner Zeit, und namentlich in Deutschland war die Mystik nahezu ausgeklammert. Insofern ging es dann Pater Slavko darum, diesem Spuk ein Ende zu bereiten, als er im Januar 1982 selbst nach Medjugorje kam."[2]

Abb. 62: Pater Dietrich von Stockhausen

Pater Slavko war ein Naturtalent in Sachen Psychologie und hatte diese Fähigkeiten noch durch seine psychologischen Fortbildungen in Deutschland vertieft. So lag es für ihn nahe, sich durch gut vorbereitete und durchdachte Befragungen der Seherinnen und Seher mit psychologischem Hintergrund selbst ein Bild zu machen. Die Ergebnisse seiner Untersuchungen veröffentlichte er in „Krsni zavicaj" Nr. 15.

PSIHOLOŠKO - PEDAGOŠKI PRISTUP VIDIOCIMA

0. U v o d

Grupa vidjelaca iz Bijakovića, župa Međugorje (općina Čitluk), postoji već punih petnaest mjeseci. Od prvoga dana pa do danas uzbuđuje svijet svojim izjavama o svakodnevnim susretima s Gospom. Njihove izjave i izjave o njima prešle su vrlo brzo granice njihova sela, župe, općine te se proširile doslovno do na kraj svijeta. Postali su i ne htijući subjekt neviđenih gibanja u crkvi, najprije lokalnoj, a onda i široj. Prema kronici župe Međugorje do sada je kroz ovih petnaest mjeseci navratilo u ovo mjesto preko 1,300.000 ljudi. I dok se s jedne strane povećava broj onih koji se navraćaju u Međugorje i prihvaćaju ga kao bogomdatu situaciju, s druge strane još uvijek traje otpor na različitim razinama... Grupa vidjelaca postala je ne samo subjekt neviđenih događaja, nego također i predmet, objekt najrazličitijih promatranja. Vođeni su liječnicima, razgovarali su sa psihijatrima, ispitivani su od svećenika. Prvotne pretpostavke o drogi ili kojoj drugoj bolesnoj pojavi razbijene su trajanjem grupe i njezinim nastupima.

Za tu pojavu ja sam se osobno zainteresirao iz više razloga. Upravo sam završio studije u Freiburgu (Njemačka). Napisao sam tezu iz odgoja odraslih u vjeri s posebnim naglaskom na obraćenju, proučavajući između ostalog odnos grupe (zajednice) prema pojedincu i pojedinca prema grupi (zajednici). Uz taj redovni studij završio sam i razgovornu terapiju prema metodi C. Rogersa i u meditivnom centru Tholey (Saar) posebni smjer mistične teologije, te postao ovjereni voditelj duhovnih vježbi prema internim principima tog centra.

U sklopu završetka studija bilo mi je omogućeno proboraviti punih pet mjeseci na mjestu događaja.

Budući da sam izbliza promatrao sve što je prisutno u Međugorju, na slijedećim stranicama želim se pozabaviti grupom vidjelaca s psihološke strane. To znači: želim na psihološkoj razini predstaviti i opisati ono, što je ljudskom oku i iskustvu dohvatljivo. Ne želim davati konačne sudove ni o grupi ni o događajima oko nje, ali ću, koliko mi god bude moguće, koristiti svoje teoretsko znanje i iskustva s drugim grupama, opisati cijeli fenomen i tako omogućiti stvaranje vlastitih sudova svima, koji nemaju ovakvu priliku direktnog promatranja ovih događaja.

Pristupio sam svemu u Međugorju otvoreno. Ništa nisam pretpostavljao.

U ovom prikazu potpuno se ograđujem od procjene nadnaravnosti u fenomenu (pojavi) grupe. Ali sam i tu toliko otvoren, da ću slobodno upozoriti na razine, koje nadilaze ljudsko iskustvo.

0.1. M e t o d a

Pristupio sam grupi kao fenomenu koji postoji i koji se može ispitivati. Upotrijebio sam različite metode pri proučavanju:

Abb. 63: Auszug aus „Krsni zavicaj" Nr. 15

Seine Untersuchungen erstreckten sich über einen Zeitraum von fünf Monaten. Dabei wandte er auch die Prinzipien der Gesprächstherapie von C. Rogers an.

Pater Slavko führte mit der Gruppe Gespräche, ebenso wie mit jedem einzelnen Seher, und er erstellte Fragebögen, die jeder einzeln und unabhängig voneinander beantworten musste.

In einem Interview der Kirchenzeitung Köln im Jahr 1994 wurde ihm die Frage gestellt, ob er sagen könne, woher seine Sicherheit komme, dass in Medjugorje die Muttergottes spricht. Pater Slavko ging dabei in seiner Antwort auf seine Studie von 1982 ein:

„Ich bin dankbar für das, was ich in Deutschland studiert habe, und ich glaube, dass ich mit einem praktischen Verstand nach Medjugorje gekommen bin. Meine erste Frage war, wer sind die Seher? Ich habe eine Studie gemacht mit dem Titel ‚Theologisch-pädagogische Annäherung der Gruppe der Seher'. Ich habe herausgefunden, diese Gruppe der Seher betreibt keine eigenen Interessen. Sie sind einfach Instrumente. Sie interessieren sich nicht so viel für dieses Anliegen vom Frieden. Sie sind keine betrübten Leute, die Angst vor der Zukunft haben. Sie sind einfache Menschen, die etwas erlebten, die nicht am nächsten Tag die anderen fragen, ob sie schon umgekehrt sind. Diese Sehergruppe ist untereinander unterschiedlich. Ich habe mich gefragt, ob sie manipuliert werden. Eine Gruppe von jungen Leuten kann bestehen, wenn sie gemeinsame Interessen haben; wenn sie einen Organisator hat. Wenn der Organisator weg ist, dann kann die Gruppe zerfallen, oder wenn kein gemeinsames Interesse besteht, dann besteht die Gruppe nicht mehr. Ich habe mich gefragt, wieso hat diese Gruppe, die in sich keine Freundesgruppe ist, überlebt? Sie halten nicht zueinander in diesem Sinne, sondern nur zu den Augenblicken der Erscheinungen.“[3]

Seine Absicht, die Seherinnen und Seher zu entlarven, schlug komplett fehl, wie Pater Dietrich von Stockhausen feststellt:

„Pater Slavko machte auch kein Geheimnis daraus, dass ihn die Muttergottes in Medjugorje, ja, ich möchte sagen, ‚umgedreht' habe, was er mir auch mehrfach gesagt hat… Ausschlaggebend war …, dass er nicht die Seherinnen und Seher ‚umdrehen' konnte, sondern im Gegenteil: Sie haben ihn ‚umgedreht'. Pater Slavko hat mir mehrfach erzählt, dass dies namentlich das Verdienst des Jüngsten war, also von Jakov. Die Jugendlichen haben ihm als Franziskanerpater einfach gehorsam seine Fragen beantwortet, aber sie haben nie versucht, ihn zu überzeugen. Jakov habe ihm rotzfrech gesagt, dass ihm das völlig ‚schnurzpiepegal' sei, ob er das glaube. Das sei seine Sache. Er (Slavko) habe ihn ja danach gefragt und wenn er das hören wolle, würde er ihm das so erzählen, wie es gewesen sei…"[4]

Dr. Maximilian Domej berichtet, dass Pater Slavko immer gesagt habe, dass die Seherinnen und Seher ganz starke Persönlichkeiten seien, die sich nicht beeinflussen ließen, sondern die von oben durch die Gospa geführt würden.[5]

*Abb. 64:
Dr. Maximilian Domej, Wien*

Pater Slavko war nun jedenfalls ebenso wie Pater Jozo von der Echtheit der Erscheinungen überzeugt. Ab diesem Zeitpunkt stand er wie ein Fels zu den Seherinnen und Sehern.

Nachdem Pater Slavko im Oktober 1982 die Doktorwürde zuerkannt worden war, und die Untersuchungen der Seher abgeschlossen waren, wurde er zunächst in Mostar in der Seelsorge eingesetzt. Dabei hielt er in einem Kloster in Bijelo Polje Seminare ab, die auch von der Jugend gut angenommen wurden. Als im Herbst 1983 die Versetzung nach Medjugorje erfolgte, behielt er diese Seminare bei, die aber den kommunistischen Behörden ein Dorn im Auge waren. So bedrohten sie die teilnehmende Jugend, und Pater Slavko wurde vom 25.-27. Januar 1984 vom Staatssicherheitsdienst in Mostar verhört. Vorgeworfen wurde ihm, nichtkirchliche Angelegenheiten zu verfolgen. Am 9. Februar 1984 bat Pater Slavko das Bischöfliche Ordinariat und das Franziskanerprovinzialat um Schutz und Bestätigung, dass sein geistliches Wirken auf der Grundlage kirchlicher Dokumente und Gesetze rechtmäßig sei. Auch Kardinal Franjo Kuharić unterrichtete er. Dieser bestätigte ihm am 14. März 1984, dass seine Handlung gemäß den kirchlichen Richtlinien die apostolische Pflicht aller Kirchenbeamten sei.[6]

Obwohl von 1985 bis 1988 als Kaplan in Blagaj und 1988 bis 1991 im Kloster Humac tätig, kam er trotzdem nach Möglichkeit jeden Tag nach Medjugorje, um dort seelsorglich tätig zu sein und die Seherschaft zu begleiten.

Kommen wir zu den Seherinnen und Sehern zurück! Pater Slavko war es schließlich, der zusammen mit Pater Ivan Landeka die wissenschaftlichen Untersuchungen der Seherinnen und Seher in den folgenden Jahren gefördert hat. Ihm war klar, dass die Zweifel an der Echtheit der Erscheinungen beseitigt werden mussten und das war am ehesten durch medizinische und psychologische Untersuchungen möglich, wenn sie von anerkannten Wissenschaftlern durchgeführt würden.

Die wichtigsten Ergebnisse dieser Untersuchungen sollen nun nachfolgend kurz dargestellt werden.

Die ersten wissenschaftlich durchgeführten Untersuchungen fanden 1984 statt und zwar durch Dr. Henri Joyeux und seinem Team aus Montpellier, das aus Ärzten verschiedener Disziplinen bestand. Sie brachten folgende Ergebnisse, die Dr. Joyeux in einer Videomitteilung vorstellte:

Abb. 65:
Prof. Dr. Henri Joyeux

„Alle Ergebnisse sind sehr verblüffend und finden wissenschaftlich keine Erklärung. Außerdem ergibt eine durch längere Zeit hindurch mehrfach gemachte wissenschaftliche Untersuchung, dass alle fünf Seher vom wissenschaftlichen ‚Standpunkt' her seelisch und geistig völlig normal einzustufen sind. Die klinischen und paraklinischen Untersuchungen erlauben festzustellen, dass es keine Epilepsie ist, was durch die Elektroenzephalogramme bestätigt wird. Es handelt sich auch nicht um einen Schlaf oder einen Traum, weil auch dies die medizinischen Messungen bestätigt hätten. Es handelt sich auch nicht um Halluzinationen, wie die Medizin nachweisen kann, ebenso ist keine Unregelmäßigkeit

betreffend die Sinnesorgane Auge und Ohr festgestellt worden. Betreffend Halluzinationen ist auch noch zu bemerken, dass auch die verschiedenen Spielarten von Halluzinationen im Wach- oder Schlafzustand usw. nicht in Frage kommen. Es handelt sich auch nicht um Hysterie in irgendeiner Spielart, da keinerlei Anzeichen dafür bei den Sehern festzustellen sind. Bei der Ekstase tritt die Augentätigkeit der Seher nahezu gleichzeitig auf. Der Unterschied beträgt nur eine fünftel Sekunde. Die Untersuchungen lassen die Schlussfolgerung zu, dass die Seher mit einem Gegenüber Kontakt haben, das wir jedoch mit unseren Möglichkeiten nicht feststellen können. Die Seher von Medjugorje sind keine Träumer und Fantasten, sondern realistisch in unsere Zeit und in unsere Welt integriert. Alles was wir an Fakten medizinisch exakt untersucht haben, kann in keinerlei Hinsicht auf parapsychologische Ursachen zurückgeführt werden. Ebenso ist die Ekstase in keinerlei Weise auf Krankheitsursachen zurückzuführen."[7]

1985 führten italienische Forscher Untersuchungen mit psychophysiologischen Experimenten durch. Die beiden Koordinatoren der Untersuchung, die Ärzte Dr. Luigi Frigerio und Dr. Giacomo Mattalia, fassten deren Ergebnisse in folgende Aussagen zusammen:

- „*Während der Ekstase ist die Schmerzempfindung aufgehoben bzw. die Schmerzschwelle um 700% erhöht. Außerhalb der Ekstase ist das Schmerzempfinden der Seher normal.*

- *Betrug und Simulation sind ausgeschlossen.*

- *Während der Ekstase ist ein mittlerer Anstieg folgender physiologischer Parameter festzustellen: Herzfrequenz, Blutdruck, Pupillenerweiterung.*

- *Bei allen untersuchten Sehern konnte während der Ekstase eine diffuse Hypotonie des orthosympatischen Nervensystems festgestellt werden. Dabei ist festzuhalten, dass das neurovegetative Nervensystem sich dem Willen des Individuums entzieht.*

• Die elektrische Hautaktivität zeigt das Entschwinden der Sinneswahrnehmung der Seher im Augenblick der Erscheinung an. Das beweist das Vorhandensein dessen, was wörtlich mit Ekstase bezeichnet wird.

• Die Untersuchung der evozierten Seh- und Gehörpotentiale und die

Stapediusreflexmessung zeigen eine Normalität der Hör- und Sehbahnen sowie des Stapediusreflexes vor, während und nach der Ekstase.

• Die funktionale Integrität der Sinnesbahnen während der Ekstase widerspricht offensichtlich dem Zustand einer vollständigen Schmerzunempfindlichkeit verbunden mit einer völligen Aufhebung des Umweltkontaktes.

• Außerhalb des ekstatischen Zustandes erweisen sich die Jugendlichen psychophysisch als völlig normal. Der ekstatische Zustand der Seher von Medjugorje ist rein wissenschaftlich nicht zu erklären.

• Die Persönlichkeitsuntersuchungen zeigten keine pathologischen Züge. Damit wurde der Nachweis erbracht, dass es sich beim Zustand der Ekstase um einen durchaus normalen Zustand handelte, der aber von hoher Emotionalität begleitet war."[8]

Last but not least folgten 1998 die umfangreichen Untersuchungen durch Prof. Dr. Dr. Resch und seinem Team. Pater Slavko musste dazu wohl seine ganzen Überredungskünste aufbieten, wie Prof. Resch schrieb:

Abb. 66: Prof. Dr. Dr. Andreas Resch

„Es hat den Anschein, als hätte P. Slavko seinen frühen Abgang bereits vorausgeahnt und wollte deshalb ein letztes Mal zur Klärung des Phänomens beitragen. Jedenfalls ließ er 1997 meine anfänglich ablehnende Haltung nicht gelten und redete in immer entschiedeneren Ansätzen solange auf mich ein, bis ich nach Absicherung der Mitarbeit des Centro di Studi e Ricerche sulla Psicofisiologia degli Stati di Coscienza in Mailand schließlich zusagte."[9]

Zu den Ergebnissen schrieb Prof. Resch:

„Damit ist als Ergebnis der medizinischen, psychologischen und instrumentellen psychophysiologischen Untersuchungen festzustellen, dass die untersuchten Seher physisch und psychisch gesund sind, nicht simulieren und die Ekstase nicht willentlich hervorrufen, sondern erleben. Über den Inhalt des Erlebten können experimentelle Untersuchungen nichts aussagen. Dazu bedarf es der Mitteilung der einzelnen Person."[10]

Abb. 67: Übergabe sämtlicher Unterlagen der wissenschaftlichen Untersuchung von Prof. Dr. Dr. Resch an die Franziskanerpatres Ivan Landeka und Marinko Sakota. Von links nach rechts: Pater Marinko Sakota, Dr. Thomas Mann, Erzbischof Henryk Hoser, Maria-Elfriede Lang-Pertl, Angelika Lang, Pater Ivan Landeka.

Soweit die wichtigsten Ergebnisse der wissenschaftlichen Untersuchungen.

Wie Pater Slavko schließlich seine Aufgabe in Medjugorje insgesamt sah, beschrieb er gegenüber Dr. Maximilian Domej:

„Meine Aufgabe ist, dass ich in Medjugorje die Seher und das Heiligtum, das hier entsteht, mit allen Mitteln helfe, aufzubauen, zu verteidigen und letztendlich auch zu beschützen, sowie mit meinem Vorbild das zu leben, was die Muttergottes von uns will.“[11]

Spielte der jüngste der Seher, Jakov, schon in den anfänglichen Zeilen dieses Kapitels eine große Rolle, so war er es auch, der Pater Slavko bei dessen erwähnten Untersuchungen von 1981 mehr oder weniger zwang, sich mit den Erscheinungen und dem, was die Gospa forderte, inhaltlich auseinanderzusetzen. Hierzu sagt die Zeitzeugin Vikica Dodig:

„Als er nach Medjugorje kam, hat ihn etwas erschüttert und das war der Kontakt mit dem Jüngsten der Seher, mit dem damals zehnjährigen Jakov. Pater Slavko sprach mit ihm und hat ihm zu den Erscheinungen verschiedene Fragen gestellt und was die Gospa wolle. Jakov hat das wohl nicht ganz richtig verstanden, jedenfalls drehte er sich um und sagte zu ihm ziemlich frech: ‚Slavko, bevor Du nicht weißt, worüber die Gospa redet, rede ich nicht mit Dir‘. Dabei muss berücksichtigt werden, dass wir in unserer Erziehung schon eine hohe Achtung gegenüber einem Priester beigebracht bekamen und vor diesem Hintergrund war der Satz von Jakov schon sehr respektlos. Pater Slavko war im ersten Moment perplex. Jakov sagte ihm, er solle nicht nur über die Botschaften reden, sondern sie leben. Genau das machte Pater Slavko dann auch.“[12]

13 Eine besondere Schule

Im Jakobusbrief heißt es:

„Werdet aber Täter des Wortes und nicht nur Hörer, sonst betrügt ihr euch selbst." (Jak 1,22)

Dieses Bibelzitat war für Pater Sklavko Programm für sein Leben, namentlich für seine Zeit in Medjugorje.

Nachdem er von der Echtheit der Erscheinungen überzeugt war, wurde er zu einem der leistungsstärksten „Hauptmotoren" von Medjugorje. Allerdings galt auch hier das Sprichwort: „Es ist noch kein Meister vom Himmel gefallen!"

Pater Slavko war trotz seines hohen Bildungsstandes demütig genug, um bei der Gospa noch einmal die „Schulbank" zu drücken. In ihrem Unterricht hat er nicht nur aufmerksam zugehört, sondern er analysierte und setzte das Gehörte konsequent und nachhaltig in seinem Leben um wie kaum ein anderer.

Beschäftigen wir uns daher in diesem Kapitel intensiv mit den Hauptbotschaften der Gospa, die stets der Ausfluss von großer Liebe sind. Sie machen die Spiritualität von Medjugorje aus.

Abb. 68: Das Credo der Schule ist die Liebe

Halten wir uns vor Augen, dass Gott uns Menschen als sein Ebenbild geschaffen hat (1. Mose 1,26-27). Er hat uns mit einem Verstand ausgestattet, der uns befähigt, rational zu entscheiden sowie auch kreativ tätig zu sein. Aber wir verfügen nicht nur über einen Verstand, sondern wir sind auch als emotionale Wesen geschaffen und letztendlich auf Liebe angelegt. Wenn wir an Liebe denken, kommt uns natürlich sofort die Liebe zwischen Mann und Frau in den Sinn, die meistens auch einen erotischen Aspekt beinhaltet. Es gibt wohl nichts Schöneres auf der Welt als die gegenseitige Liebe in einer solchen Verbindung. Jeder, der das schon erlebt hat, weiß, dass einem dieses Gefühl enorme „Flügel" verleiht.

Nun gibt es daneben aber auch noch andere Formen der Liebe, wie beispielsweise die Gottes- und Nächstenliebe bis zur Hingabe des eigenen Lebens, die Feindesliebe usw.

Abb. 69: „Niemand liebt mehr als einer, der sein Leben für die Freunde hingibt." (Joh 15,13)

Wer von den Botschaften der Gospa in Medjugorje Neues erwartet, wird enttäuscht sein. Sie lehrt uns nichts, was für den katholischen Glauben neu wäre, sondern sie ruft das in Erinnerung, was bei vielen Menschen unzureichend praktiziert wird oder gar in Vergessenheit geraten ist. Pater Slavko stellte hierzu etwas ganz Wesentliches klar:

„Die Mahnungen und Botschaften der Muttergottes haben ein einfaches Ziel: Sie bringen nichts Neues, sondern führen uns zum Evangelium. Sie werfen Licht auf die Worte Jesu, über alles, was passieren wird…"[1]

Alle Botschaften der Gospa aufzuführen, würde den Rahmen dieses Buches freilich sprengen. Deshalb ist es sinnvoll, zunächst die Hauptthemen, also quasi die Hauptfächer ihrer Schule, zu benennen und dann zu diesen Themenblöcken ausgewählte Botschaften vorzustellen.

In Anlehnung an die biblische Erzählung vom Kampf Davids gegen Goliath werden in Medjugorje die Hauptbotschaften als die fünf Steine der Gospa bezeichnet:

Abb. 70: Die „fünf Steine" von Medjugorje

David, der gegen Goliath kämpfte, trug nämlich fünf Steine und eine Steinschleuder bei sich, mit denen er den Sieg errang (1 Sam 17).

Abb. 71: David und Goliath, Gemälde von Osmar Schindler (1888)

Betrachten wir nun diese fünf Steine im Einzelnen.

Das Gebet

Schon der Apostel Paulus schreibt im 1. Brief an die Thessalonicher (1 Thess 5,17): „Betet ohne Unterlass".

Abb. 72: Eine Pilgerin im Gebet

Das Gebet ist die Kommunikation und Begegnung des Menschen mit seinem Schöpfer. Ohne Gebet gibt es keine Beziehung bzw. ohne Gebet ist eine Beziehung tot. Es verwundert daher nicht, wenn die Gospa uns unermüdlich zum Gebet ermuntert und es kaum eine Botschaft gibt, in der es nicht Erwähnung findet.

Pater Slavko hat sich dem Gebet mit seinem kleinen Buch „Betet meinen Sohn mit dem Herzen an“ gewidmet. Er traf darin zunächst einige grundlegende Feststellungen:

„Vielen Christen fällt das Beten schwer. Sie meinen entweder, für das Gebet zuwenig Zeit zu haben oder die Gebetstechnik nicht zu beherrschen. Beides entspricht nicht der Tatsache, und das eigentliche Problem liegt darin, dass viele zuerst versuchen, mit den verschiedensten Mitteln ihre Probleme zu lösen, und erst dann, wenn sie nicht mehr weiterwissen, bei Gott Zuflucht suchen. Gott wird somit zu einer Art ‚Notambulanz‘ degradiert, die man wieder verlässt, sobald die Wunde versorgt ist. Daraus lässt sich schließen, dass das eigentliche Problem in unserer Einstellung zu Gott bzw. zum Glauben liegt…

Sich zu Gott bekennen, Ihm den ersten Platz einzuräumen, Ihm Gehör zu schenken, in Stille seine Zeit mit Ihm zu verbringen, Ihm Raum zu geben und sich Ihm hinzugeben ist das vorrangigste Gebet des heutigen Christen. Der Mensch kann aber Gott nur dann mit Liebe annehmen, mit Ihm zusammenwirken und Ihn in allen Seinen Geschöpfen wiedererkennen, wenn er betet. Im Gebet wächst die positive Beziehung zu Gott, dem Schöpfer, ebenso wie auch zum eigenen, von Gott geschaffenen Ich und zu den Mitmenschen und allen Seinen Geschöpfen.“[2]

Es lohnt sich, hierzu erst einmal einige ausgewählte Botschaften der Gospa zu lesen:

Botschaft vom 5. Juli 1984

„Liebe Kinder! Heute möchte ich euch sagen, dass ihr vor jeder Arbeit beten sollt und sie mit dem Gebet beenden sollt. Denn, wenn ihr es so macht, wird Gott euch und eure Arbeit segnen. In diesen Tagen betet ihr wenig und arbeitet viel. Daher: betet! Im Gebet werdet ihr euch ausruhen. Danke, dass ihr meinem Ruf gefolgt seid!"

Botschaft vom 6. November 1986

„Liebe Kinder! Heute möchte ich euch einladen, dass ihr Tag für Tag für die Armen Seelen im Fegefeuer betet. Jede Seele braucht das Gebet und die Gnade, um zu Gott und zu Seiner Liebe zu gelangen. Dadurch gewinnt auch ihr, liebe Kinder, neue Fürsprecher, die euch im Leben helfen werden zu begreifen, dass die irdischen Dinge für euch nicht wichtig sind, sondern allein der Himmel, nach dem ihr euch sehnen sollt. Deshalb, liebe Kinder, betet ohne Unterlass, um euch und auch anderen helfen zu können, denen dieses Gebet Freude bringen wird. – Danke, dass ihr meinem Ruf gefolgt seid!“

Botschaft vom 25. April 1987

„Liebe Kinder! Auch heute lade ich euch zum Gebet ein. Ihr wisst, liebe Kinder, dass Gott im Gebet besondere Gnaden gibt. Deshalb sucht und betet, dass ihr all das begreifen könnt, was ich euch hier gebe. Ich rufe euch, liebe Kinder, zum Gebet mit dem Herzen auf! Ihr wisst, dass ihr ohne Gebet nicht begreifen könnt, was Gott mit jedem einzelnen von euch vor hat. Deshalb betet! Ich wünsche, dass sich durch jeden von euch der Plan Gottes erfüllt und dass alles wachse, was Gott euch ins Herz gegeben hat. Deshalb betet, dass Gottes Segen jeden von euch vor all dem Bösen, das euch bedroht, schützt. Ich segne euch, liebe Kinder! – Danke, dass ihr meinem Ruf gefolgt seid!“

Botschaft vom 25. April 1992

„Liebe Kinder! Auch heute rufe ich euch zum Gebet auf. Nur durch das Gebet und das Fasten kann der Krieg aufgehalten werden. Deshalb, meine lieben Kinder, betet und bezeugt durch euer Leben, dass ihr mein seid und dass ihr mir gehört; denn Satan möchte in diesen düsteren Tagen so viele Seelen wie möglich verführen. Deshalb rufe ich euch auf, dass ihr euch für Gott entscheidet! Und Er wird euch beschützen und euch zeigen, was ihr tun und welchen Weg ihr gehen sollt. Ich rufe alle auf, die mir ihr ‚Ja' gegeben haben, dass sie ihre Weihe an meinen Sohn Jesus und an Sein Herz, und die Weihe an mich erneuern, damit wir euch noch intensiver zum Werkzeug des Friedens in dieser unruhigen Welt machen können. Medjugorje ist ein Zeichen für euch alle und ein Aufruf, damit ihr betet und dass ihr die Tage der Gnade, die Gott euch gibt, lebt. Deshalb, liebe Kinder, nehmt den Aufruf zum Gebet ernsthaft an. Ich bin mit euch und euer Leid ist auch meines. – Danke, dass ihr meinem Ruf gefolgt seid!"

Botschaft vom 25. Februar 2003

„Liebe Kinder! Auch heute rufe ich euch auf, für den Frieden zu beten und zu fasten. Wie ich bereits gesagt habe und euch, meine lieben Kinder, jetzt wiederhole, können nur mit Gebet und Fasten auch Kriege aufgehalten werden. Der Friede ist eine kostbare Gabe Gottes. Sucht, bittet und ihr werdet ihn erhalten. Sprecht vom Frieden und tragt den Frieden in euren Herzen. Pflegt ihn wie eine Blume, die Wasser, Feingefühl und Licht braucht. Seid diejenigen, die den anderen den Frieden bringen. Ich bin mit euch und halte für euch alle Fürsprache. Danke, dass ihr meinem Ruf gefolgt seid!"

Die Gospa hält sich nicht mit theoretischen Fragen zum Gebet auf, sondern wie ihr Sohn sagt sie ganz konkret, was und wie wir beten sollen. Es ist erstaunlich, wie sie dabei didaktisch vorgeht. Sie verlangt nicht gleich das volle Gebetsprogramm, das die meisten Menschen anfangs überfordern würde, sondern zu Beginn ihrer Erscheinungen forderte sie uns auf, täglich sieben Vaterunser, sieben „Gegrüßest seist Du, Maria", sieben „Ehre sei dem Vater" und das Glaubensbekenntnis zu beten.

Pater Slavko erläuterte hierzu:

„... doch die Zahl Sieben ist auch symbolisch zu verstehen: die sieben Tage der Schöpfung, die sieben Sakramente, die sieben Schmerzen und die sieben Freuden der Mutter Gottes: die Zahl Sieben bedeutet die Fülle der Freude und der Schmerzen."[3]

Das Gebetsprogramm ist mit dieser ersten Stufe auf jeden Fall für jeden Menschen ohne großen Zeitdruck bewältigbar und damit niederschwellig, wie man heute sagen würde. Pater Slavko stellte in diesem Zusammenhang folgendes klar heraus:

„Ich sagte euch schon einmal, dass die Muttergottes bittet, mit dem Gebet zu beginnen. Dann wird sich das Gebet weiterentwickeln und zu einem Gebet des Herzens werden, das heißt, zu einem immerwährenden, konstanten Gebet, zu einer nicht abbrechenden Beziehung zum Herrn. Wenn ihr euch fragt: ‚Wie soll man beten? Wie muss man beten, um es richtig zu machen?', so kann ich euch nur eines sagen: ‚Beginnt so, wie ihr es im Moment könnt, so, wie ihr die Botschaft der Muttergottes verstanden habt'. Auch wenn ihr nur das Glaubensbekenntnis, die sieben Vaterunser, das Ave Maria und das Ehre sei dem Vater beten könnt, beginnt damit..."[4]

Pater Slavko macht uns mit einer wichtigen Feststellung Mut:

„Das Gebet kommt beim Beten, so wie der Appetit beim Essen kommt... Beginnt, und Ihr werdet sehen."[5]

Aus der Botschaft der Gospa und den Erläuterungen von Pater Slavko gibt es eine Erkenntnis, die sich in einem Satz zusammenfassen lässt: Einfach mit dem Gebet anfangen! Aber aller Anfang ist schwer und eine gewisse Portion Selbstdisziplin ist dabei sicherlich notwendig. Die Gospa weiß um unsere Anfangsschwierigkeiten, weshalb sie uns auch nicht überfordert. Pater Slavko gab uns in einer Ansprache vom 9. Juli 1986 einen einprägsamen Vergleich:

„Die Muttergottes ist also wie eine Mutter, die ihr Kind bei der Hand nimmt und jeden Tag neue Schritte mit ihm übt, bis es schließlich laufen kann. Keine Mutter hat ihrem Kind, um es laufen zu lehren, jemals ein Buch gegeben, das die verschiedenen Muskeln erklärt, die es dabei bewegen soll. Nein, eine Mutter nimmt ihr Kind bei der Hand und beginnt ganz konkret. So macht es die Muttergottes auch mit uns. Ich sage euch: laßt uns niederknien und beten, laßt uns bei uns selbst, in den Familien, in den Gemeinden und in den Gebetsgruppen beginnen; alles Übrige wird uns hinzugegeben werden."[6]

Wenn sich der gewünschte Erfolg nicht gleich einstellt, dürfen wir uns dadurch aber nicht entmutigen lassen. Ausdauer und Regelmäßigkeit sind hier gefragt, wie Pater Slavko betonte:

„Das Gebet ist eine Sprache, mit eigener Grammatik, mit eigenen Worten und eigener Syntax: das Gebet ist wie eine Sprache. Wenn man sie nicht spricht, verlernt man sie, auch wenn man sie einmal konnte. Wenn man sich für das Gebet keine Zeit nimmt, wenn man nicht jeden Tag übt, dann kann man die Sprache des Gebets nicht erlernen. Wenn man sie täglich spricht, wird es einfacher... Das Gebet ist eine Sprache, und wenn man damit anfangen will, so muss man beginnen, so gut man kann, doch man muss es regelmäßig tun, jeden Morgen und jeden Abend; Zeit ist vorhanden. Es ist nicht wahr, dass wir keine Zeit haben. Das Problem ist, was wir vom Gebet halten."[7]

Die Gospa wünscht darüber hinaus, dass wir mit dem Herzen beten. In einer Ansprache vom 26. April 1986 sagte Pater Slavko, was dies konkret heißt:

„Es bedeutet, die Worte des Herrn im Herzen zu spüren und sich von diesen Worten bewegen zu lassen."[8]

Abb. 73 : Betet mit dem Herzen!

In seinem Buch „Betet meinen Sohn mit dem Herzen an" gibt uns Pater Slavko daneben praktische Tipps für ein reiches Gebetsleben. Sie sind schon deshalb besonders wertvoll, weil sie das Ergebnis jahrzehntelanger intensiver Gebetserfahrungen darstellen. Sie können uns daher eine wirkliche Hilfe in der Umsetzung der Botschaften der Gospa sein. Einige davon seien nachfolgend skizziert:

„Wenn du allein zu Gott betest, so reflektiere in Stille die Texte der Heiligen Schrift! Denke über die Botschaften nach und nimm Dir Zeit für das Schweigen! Eine kurze Reflexion vor und nach der Textstelle soll dazu verhelfen, leichter in die Tiefe der Seele

einzutauchen, um Gott zu begegnen, der in der Hostie verborgen ist, damit Er von Dir Besitz nehmen und bei Dir bleiben kann…

Scheue Dich nicht, Jesus alles zu sagen und ihm Dein Leid zu klagen. Nimm Dir einfach Zeit, gehe in Dich und vertrau Dich ihm an. Du musst keine spezielle Technik anwenden, aber Du musst lernen, mit ihm zu sprechen und auf ihn zu hören, damit diese Begegnung im Gebet auch Früchte trägt. Denke daran, dass Du mit einem Freund sprichst, der Dir gerne zuhört und Dich nicht richten oder ablehnen wird.

Es wäre keineswegs ratsam, nur um die Erfüllung der eigenen Bedürfnisse zu beten. Schließe in das Gebet auch Deine Mitmenschen ein! Bete auch für jene, die Dir Leid zugefügt und in Deinem Herzen Zorn und Verbitterung hervorgerufen haben. Durch das Gebet wird Deine Liebe zu ihnen wachsen, Versöhnung wird wieder möglich sein, Friede wird einkehren und Du wirst ihre Handlungsweise begreifen… Durch das Gebet wirst Du eins mit Jesus, Du wirst ihn besser verstehen und mehr lieben, und er wird Dir die Kraft geben, eine neue, bessere, humanere und christlichere Beziehung zu Deinen Mitmenschen aufzubauen…

Voraussetzung für jede Begegnung ist Zeit und Raum, das Gespräch, aber auch Schweigen und Stille. Eile ist beim Beten nicht angebracht! Entscheide Dich bewusst für Jesus und schenke ihm Deine Zeit! Hast und Eile beeinträchtigen jede Begegnung, sei es mit Gott oder mit Deinem Mitmenschen…

Beim Beten spielt auch die Körperhaltung eine nicht zu unterschätzende Rolle. Normalerweise kniet man beim Beten… Betritt man eine Kirche, in der das Allerheiligste Altarsakrament bereits ausgestellt ist, so kniet man zuerst mit beiden Knien nieder, nimmt anschließend seinen Platz ein und verbleibt dann in der gewählten Haltung. Die äußere Haltung beeinflusst die innere Haltung zum Gebet…“[9]

Die Gospa ermuntert uns in einem weiteren Schritt, täglich den Rosenkranz mit den freudenreichen, schmerzhaften und glorreichen Geheimnissen zu beten. Es ist ihr Gebet, das salopp ausgedrückt ein „Schnellkurs“ der wichtigsten Lebensstationen Jesu ist. So sagt sie am 14. August 1984:

Botschaft vom 14. August 1984

„Ich möchte, dass die Menschen in diesen Tagen mit mir beten, und... dass sie jeden Tag wenigstens den Rosenkranz beten: die freudenreichen, schmerzhaften und glorreichen Geheimnisse.“

Abb. 74: Rosenkränze in Medjugorje

Spätestens hier zeigt sich, dass die Gospa sich mit ihren Forderungen nicht an „religiöse Taglöhner“ wendet, sondern sie macht deutlich, dass sie eine entschlossene Umkehr und tagtäglich ein intensives Gebetsleben verlangt.

Abb. 75: Das tägliche Rosenkranzgebet ist der Gospa ein wichtiges Anliegen.

Nun erhebt sich sogleich die Frage, wer so viel Zeit erübrigen kann, um dieser Forderung nachzukommen. Die Frage erscheint nicht unberechtigt zu sein. Pater Slavko sagte hierzu in einer Ansprache vom 15. September 1984:

„Wenn sie verlangt, jeden Tag den… Rosenkranz zu beten, dann heißt das also nicht, täglich gerade eine halbe Stunde Zeit zu erübrigen und jedes Mal so schnell wie möglich das Ave Maria aufzusagen und dann zu meinen: Meine Botschaft ist beendet! Nein. Der Sinn dieses Gebets ist ein ganz anderer. 15 Geheimnisse zu beten bedeutet, den Geheimnissen des Lebens Jesu, der Erlösung und des Lebens Marias nahe zu sein… Ich bin überzeugt, dass die Madonna nicht deshalb so viele Gebete von uns verlangt, weil sie unsere Zeit stehlen will, sondern deshalb, weil sie uns zu Jesus, zum Herrn führen will… Passt auf, wenn jemand sagt: ‚Woher soll ich denn so viel Zeit nehmen, um den vollständigen

Rosenkranz zu beten oder um im Gebet die Geheimnisse zu betrachten?' Ich sage Euch: ‚Ich habe gesehen, dass wir Zeit haben, doch so oft erkennen wir den Wert des Betens nicht und sagen daher, wir hätten keine Zeit.' Ich sagte schon gestern: Jeder, der raucht, findet zwischendurch die Zeit, 20, 30 oder 40 Zigaretten pro Tag zu rauchen. Und wenn wir dann sagen: ‚Ich habe keine Zeit zu beten', wäre es vielleicht besser und ehrlicher zu sagen: ‚Ich sehe den Wert des Gebets nicht.' Doch es ist eine Einladung der Mutter, eine Einladung, die uns den Frieden bringen sollte. Ich glaube, wenn wir den Frieden wollen, dann müssen wir uns die Zeit für das Gebet nehmen."[10]

Interessant ist in diesem Zusammenhang eine Aussage von Pater Slavko in einem Interview vom 20. April 1998 in Wien zum Wert des Gebetes für die tägliche Arbeit:

„Jeder, der in seiner Arbeit durchhalten möchte, besonders in unserer, muss wirklich beten. Wenn mir damals, als ich nach Medjugorje gekommen bin, jemand gesagt hätte, dass ich mindestens drei Stunden in der Kirche beten soll, hätte ich ihn gefragt, ob man dann überhaupt noch etwas anderes tun kann. Jetzt würde ich sagen, wie kann man überhaupt etwas tun, wenn man nicht drei Stunden betet? Aus diesem Gebet und aus dem persönlichen Gebet kommt die Kraft und Liebe zur Arbeit."[11]

Lesen der hl. Schrift

Die Gospa ermuntert uns stets zum Studium der Bibel, denn wie soll ich an einen Gott glauben, von dem ich nichts weiß? Ganz ohne Wissen geht es einfach nicht. Und eben dieses Wissen beziehen wir in erster Linie aus der Bibel. Folglich ist es logisch, dass wir die Bibel lesen müssen, um mitreden zu können und um einen starken authentischen Glauben zu bekommen.

Abb. 76: Das Lesen der hl. Schrift ist einer der fünf Steine von Medjugorje.

Betrachten wir zunächst die Botschaften der Gospa zum Lesen der hl. Schrift:

Botschaft vom 18. Oktober 1984

„Liebe Kinder! Heute lade ich euch ein, dass ihr in euren Häusern jeden Tag die Bibel lest. Sie soll an sichtbarer Stelle liegen, damit sie euch immer zum Lesen und zum Beten anregt…"

Botschaft vom 25. Juni 1991

„… Deshalb, meine lieben Kinder, betet und lest die Heilige Schrift, damit ihr durch die Heilige Schrift die Botschaft für euch durch mein wiederholtes Kommen entdeckt!..."

Botschaft vom 25. August 1993

„… Lest die Heilige Schrift, lebt sie und betet, damit ihr die Zeichen dieser Zeit begreifen könnt…"

Botschaft vom 25. August 1996

„… Setzt, meine lieben Kinder, die Heilige Schrift auf einen sichtbaren Ort in euren Familien, lest sie und lebt. Lehrt eure Kinder, denn wenn ihr ihnen kein Beispiel gebt, gehen Kinder in die Gottlosigkeit. Betrachtet und betet und dann wird Gott in euren Herzen geboren werden und euer Herz wird froh sein…"

Botschaft vom 25. Januar 1999

„… Setzt die Heilige Schrift an einen sichtbaren Platz in euren Familien, lest sie, betrachtet sie und lernt, wie Gott Sein Volk liebt. Seine Liebe zeigt sich auch in der heutigen Zeit, weil Er mich sendet, um euch auf den Weg des Heils zu rufen…"

Botschaft vom 25. Januar 2006

„Liebe Kinder! Auch heute rufe ich euch auf, Träger des Evangeliums in euren Familien zu sein. Vergesst nicht, meine lieben Kinder, die Heilige Schrift zu lesen. Legt sie auf einen sichtbaren Platz und bezeugt mit eurem Leben, dass ihr glaubt und das Wort Gottes lebt. Ich bin euch mit meiner Liebe nahe und halte Fürsprache vor meinem Sohn für jeden einzelnen von euch…"

Botschaft vom 25. Februar 2012

„… Lest, meditiert die Heilige Schrift, und die darin geschriebenen Worte mögen euch Leben sein…"

Botschaft vom 25. November 2020

„… Deshalb, meine lieben Kinder, arbeitet an euch. Die Heilige Schrift lesend, werdet ihr die Geburt Jesu und die Freude entdecken, so wie in den ersten Tagen, die Medjugorje der Menschheit gegeben hat. Die Geschichte wird Wahrheit sein, was sich auch heute in und um euch wiederholt…"

Es ist keineswegs verwunderlich, dass die Gospa mehrfach dazu ermuntert, die Bibel bereits in den Familien zu lesen. Kindheit und Jugend sind nun einmal die prägendsten Lebensabschnitte eines Menschen. Ein Hauptgrund, warum im deutschsprachigen Raum so viele mit ihrer Religion nichts anfangen können, ist die fehlende oder zumindest unzureichende Weitergabe des Glaubens in den Familien.

Fasten

Am Aschermittwoch beginnt bei uns die 40tägige Fastenzeit bis Ostern. Viele nutzen diese Zeit zur Entschlackung und zur dringend notwendigen Gewichtsreduktion. Gewiss, das ist nicht falsch und schlecht, sondern dies dient unserem Körper. Außerdem lernen wir dabei wieder Verzicht zu üben.

Den christlichen Gedanken des Fastens treffen wir damit aber nicht vollständig, denn dieser geht weiter und hat vor allem einen anderen Hintergrund. Es ist ein Baustein der christlichen Reifung.

Vergessen wir nicht, dass Fasten auch für Jesus durchaus kein untergeordnetes Thema war:

Aussagen Jesu zum Fasten

„Da wurde Jesus vom Geist in die Wüste geführt, damit er von dem Teufel versucht würde. Und da er vierzig Tage und vierzig Nächte gefastet hatte, hungerte ihn. Und der Versucher trat herzu und sprach zu ihm: Bist du Gottes Sohn, so sprich, dass diese Steine Brot werden. Er aber antwortete und sprach: Es steht geschrieben: ‚Der Mensch lebt nicht vom Brot allein, sondern von einem jeden Wort, das aus dem Mund Gottes geht.' Da führte ihn der Teufel mit sich in die heilige Stadt und stellte ihn auf die Zinne des Tempels und sprach zu ihm: Bist du Gottes Sohn, so wirf dich hinab; denn es steht geschrieben: ‚Er wird seinen Engeln für dich Befehl geben; und sie werden dich auf den Händen tragen, damit du deinen Fuß nicht an einen Stein stößt.‘ Da sprach Jesus zu ihm: Wiederum steht auch geschrieben: ‚Du sollst den Herrn, deinen Gott, nicht versuchen.‘ Wiederum führte ihn der Teufel mit sich auf einen sehr hohen Berg und zeigte ihm alle Reiche der Welt und ihre Herrlichkeit und sprach zu ihm: Das alles will ich dir geben, wenn du niederfällst und mich anbetest. Da sprach Jesus zu ihm: Weg mit dir, Satan! Denn es steht geschrieben: ‚Du sollst anbeten den Herrn, deinen Gott, und ihm allein dienen.‘ Da verließ ihn der Teufel. Und siehe, da traten Engel herzu und dienten ihm.“ (Mt 4,1-11)

„Wenn ihr fastet, sollt ihr nicht sauer dreinsehen wie die Heuchler; denn sie verstellen ihr Gesicht, um sich vor den Leuten zu zeigen mit ihrem Fasten. Wahrlich, ich sage euch: Sie haben ihren Lohn schon gehabt. Wenn du aber fastest, so salbe dein Haupt und wasche dein Gesicht, damit du dich nicht vor den Leuten zeigst mit deinem Fasten, sondern vor deinem Vater, der im Verborgenen ist; und dein Vater, der in das Verborgene sieht, wird dir’s vergelten.“ (Mt 6,16-18)

Die Handlungen Jesu belegen eindeutig die Richtigkeit und Wichtigkeit des Fastens. Pater Slavko stellte dazu fest, dass Jesus gerade durch das Fasten die Kraft bekommen habe, den Versuchungen Satans zu widerstehen.

Wie wir fasten sollen und welche Wirkungen davon ausgehen, beschrieb die Gospa in ihren vielen Botschaften zu diesem Thema, von denen die wichtigsten nachfolgend wiedergegeben werden sollen:

Botschaft vom 21.07.1982

„… Am besten wird bei Wasser und Brot gefastet. Durch Fasten und Beten können Kriege beendet und die Naturgesetze aufgehoben werden. Das Fasten kann durch Liebeswerke nicht ersetzt werden. Wer nicht fasten kann, soll es immerhin durch Gebet, Liebeswerke und eine Beichte ersetzen, doch sind außer den Kranken alle zum Fasten aufgerufen…“

Botschaft vom 14. August 1984

„Ich möchte, dass die Menschen in diesen Tagen mit mir beten, und das in möglichst großer Anzahl, dass sie mittwochs und freitags streng fasten…“

Botschaft vom 20. September 1984

„… Heute rufe ich euch auf: Beginnt mit ganzem Herzen zu fasten! Es gibt viele Leute, die fasten, aber nur, weil alle fasten. Es ist ein Brauchtum geworden, das niemand unterbrechen möchte. Ich bitte die Pfarre, dass sie aus Dankbarkeit fastet, weil mir Gott erlaubt hat, so lange in dieser Pfarre zu bleiben. Liebe Kinder, fastet und betet von Herzen!...“

Botschaft vom 25. März 1998

„… Auch heute lade ich euch zum Fasten und zur Entsagung ein. Meine lieben Kinder, entsagt dem, was euch hindert, Jesus näher zu sein…“

Botschaft vom 25. April 1992

„… Auch heute rufe ich euch zum Gebet auf. Nur durch das Gebet und das Fasten kann der Krieg aufgehalten werden. Deshalb, meine lieben Kinder, betet und bezeugt durch euer Leben, dass ihr mein seid und dass ihr mir gehört; denn Satan möchte in diesen düsteren Tagen so viele Seelen wie möglich verführen…“

Botschaft vom 25. Januar 2001

„Liebe Kinder! Heute lade ich euch ein, das Gebet und Fasten mit noch größerer Begeisterung zu erneuern, bis euch das Gebet zur Freude wird. Kleine Kinder, wer betet, fürchtet die Zukunft nicht, und wer fastet, fürchtet das Böse nicht. Ich wiederhole euch noch einmal: Nur mit Gebet und Fasten können sogar Kriege aufgehalten werden – Kriege eures Unglaubens und eurer Angst vor der Zukunft. Ich bin mit euch und lehre euch, kleine Kinder: in Gott ist euer Friede und eure Hoffnung. Deshalb nähert euch Gott und gebt Ihn auf den ersten Platz in eurem Leben…"

Botschaft vom 25. Februar 2003

„… Auch heute rufe ich euch auf, für den Frieden zu beten und zu fasten. Wie ich bereits gesagt habe und euch, meine lieben Kinder, jetzt wiederhole, können nur mit Gebet und Fasten auch Kriege aufgehalten werden. Der Friede ist eine kostbare Gabe Gottes. Sucht, bittet und ihr werdet ihn erhalten…"

Wenn durch Gebet und Fasten sogar Kriege abgewehrt und aufgehalten werden können, beginnen wir zu ahnen, welche Macht uns Menschen durch das Gebet und das Fasten in die Hände gelegt wird. Umgekehrt machen wir uns aber auch schuldig, wenn wir davon keinen Gebrauch machen. Pater Slavko sagte dazu in einer Ansprache vom 4. September 1984:

„Die Muttergottes überträgt uns Verantwortung. Vielleicht können wir sogar sagen, wenn es Kriege auf dieser Welt gibt oder solche drohen, dann sind wir bereits dafür verantwortlich. Wahrhaftig: Wenn es noch Kriege gibt – die Muttergottes sagt, dass man sie durch Gebet und Fasten verhindern könnte – dann haben wir weder gefastet, noch gebetet."[12]

Um Missverständnisse zu vermeiden, sei erwähnt, dass die Gebete und das Fasten von wenigen natürlich nicht ausreichen, sondern es müssen schon sehr viele Menschen sein.

Die Gospa fordert uns auf, jeden Mittwoch und Freitag zu fasten, am besten bei Wasser und Brot.

Wochenplan der Gospa für das Fasten				
Montag	Dienstag	**Mittwoch**	Donnerstag	**Freitag**
		Fasten		Fasten

Abb. 77: Fasten mit Wasser und Brot

Sie ist damit durchaus fordernd, aber die Forderungen sind mütterlich sowie zu unserem Heil und zum Segen für die ganze Welt. Sie selbst hat auch gefastet und sie knüpft an die Praxis der Urkirche an. Wir wissen aus der Didache, der wohl frühesten Kirchenordnung, wie damals gefastet werden sollte:

„Eure Fasten aber sollen nicht sein gemeinsam mit den Heuchlern; sie fasten nämlich am zweiten und fünften Tag der Woche, ihr aber fastet am vierten Tag und am Rüsttag [also am Mittwoch und Freitag]." (Didache 8.1)

Das Thema Fasten ist auch Gegenstand eines der kleinen Bücher von Pater Slavko. Das Buch trägt den einfachen Titel „Fasten".

Abb. 78: Buch von Pater Slavko zum Fasten

Er möchte uns damit zunächst Mut machen, mit dem Fasten zu beginnen, und er gab uns auch eine Anleitung dazu, wenn er schrieb:

„Was immer wir berufen sind zu tun, wir sollten mit derselben Einstellung und mit demselben Enthusiasmus fasten, mit dem wir Marias Ruf nach tieferem Gebet folgen. Das Wichtigste ist, dass wir [einfach] mit dem Fasten beginnen und dass wir uns durch das Fasten auf dem Weg der Heiligkeit Gott nähern. Wenn wir auf dem Pfad, den Gott uns vorgezeichnet hat, immer weiter schreiten, werden wir auch die Art unseres Fastens ändern und am Ende vielleicht das ‚beste Fasten' erreichen, so wie es uns die Muttergottes erklärt hat.“[13]

Bei der Frage nach dem Warum des Fastens unterscheidet Pater Slavko drei Ebenen, die physische, die psychologische und die spirituelle. Zur physischen Ebene wurden bereits oben Ausführungen gemacht. Was die psychologische Seite anbelangt, sind die Gedanken von Pater Slavko recht aufschlussreich:

„Die Menschen der westlichen Welt haben nicht nur das, was sie benötigen, sie haben sogar zu viel. Mit diesem Überfluss sind wir in Gefahr, unsere Seele und unser psychisches Leben zu ertränken. Wenn wir unser psychisches Leben ersticken, werden wir blind für das, was wir haben. Dabei haben wir das Gefühl, immer mehr zu benötigen. Indem wir nicht sehen, was wir haben, und indem wir immer mehr wollen, entstehen in unserer Seele Konflikte: Wir können nur noch das sehen, was wir nicht haben. Wenn Menschen in einem derartigen Zustand leben, verlieren sie psychische Kräfte… Mit anderen Worten: Wenn wir alles zur Verfügung und im Übermaß haben, lernen wir etwas nicht, was aber für unser Leben sehr wichtig ist: zu warten, geduldig zu sein mit den anderen und mit den materiellen Dingen… Was will uns das Fasten hier lehren? Zwei Tage mit allen Dingen, die wir haben, zu leben, ohne sie anzurühren, und am Donnerstag morgens zu sehen: ‚Schaut, ich lebe.' Und auch am Samstag zu sehen:

‚Gestern nichts gegessen, keine Schokolade und keine Kekse, und ich lebe noch immer.'"[14]

In spiritueller Hinsicht gilt:

„Ganz einfach, man betet besser, wenn man fastet. Dann tritt man wirklich leichter in die Tiefe des Herzens, des Gebetes ein. Und tatsächlich ist man an Fasttagen weniger zerstreut… Wenn wir fasten, und wir beten dabei, so hilft das dem Fasten. Und mit dem Fasten wächst unser Streben nach Gott."[15]

Ein Gedanke scheint zusammenfassend ganz wesentlich zu sein:

„Durch das Gebet klammern wir uns an Gott und durch Fasten lösen wir uns von den ‚angenehmen' Dingen; die uns an die Welt binden… es ist der Prozess, durch den wir frei und unabhängig von allen materiellen Dingen werden. Und indem wir uns selbst von den Dingen außerhalb von uns befreien, befreien wir uns von den Leidenschaften in uns, die unser inneres Leben in Ketten halten."[16]

Pater Slavko bestätigte und kommentierte damit das, was die Gospa in ihrer Botschaft vom 25. März 1998 zum Ausdruck brachte.

Pater Slavko hat die Forderung der Gospa aufgegriffen und begonnen, Fastenseminare abzuhalten. Einen Einblick in deren Ablauf gewährt uns Angelika Lang aus Innsbruck:

Abb. 79: Angelika Lang

„Ich habe in Medjugorje viele Fastenseminare mitgemacht. Die Seminare, die Pater Slavko hielt, waren im Grunde genommen einfach strukturiert, so wie er auch sonst gearbeitet hat. In allem, was er machte, war er einfach im positiven Sinne des Wortes. Das Fastenseminar dauerte ca. eine Woche, in der wir mit Brot und Tee gelebt haben. Das Brot wurde im Haus Domus pacis, in dem die Seminare stattfanden, selbst gebacken. Es hat hervorragend geschmeckt, so dass es gut möglich wurde, damit zu fasten. Es gab drei Mahlzeiten – Frühstück, Mittagessen und Abendessen. Der Tag begann mit dem Gebet. Nach der Messe und dem Frühstück gab es durch den Tag hindurch immer wieder Impulse rund um das Thema Fasten. Die Woche war eine phänomenale Möglichkeit, innerlich frei für Gott und seine Botschaft zu werden. Ich würde so ein Fastenseminar jederzeit wieder machen.“[17]

Die Beichte

Die Beichte, das Sakrament der Versöhnung, der Buße und der Umkehr, ist im deutschsprachigen Raum weitgehend vernachlässigt. Für manch einen erscheint sie als „alter Zopf“, der nicht mehr in unsere moderne Zeit zu passen scheint.

Gott ist unendlich barmherzig, aber er ist auch unendlich gerecht. Wenn wir nach unserem Tod vor sein Angesicht treten, wird es nicht so sein, dass die Barmherzigkeit alles zudeckt, was wir an Bösem getan und an Gutem unterlassen haben. Gott hat uns die Freiheit gegeben, aber damit einher geht auch die Verantwortung für unser Handeln.

Halten wir uns zunächst wieder vor Augen, was Jesus nach seiner Auferstehung zu seinen Aposteln über die Sündenvergebung gesagt hat:

„Wie mich der Vater gesandt hat, so sende ich euch. Nachdem er das gesagt hatte, hauchte er sie an und sagte zu ihnen: Empfangt den Heiligen Geist! Denen ihr die Sünden erlasst, denen sind sie erlassen; denen ihr sie behaltet, sind sie behalten.“ (Joh 20,21-23)

Die Gospa lehrt uns in Medjugorje, dass sie die Beichte keineswegs als überholt ansieht, sondern ganz im Gegenteil, sie ist so notwendig wie zu allen Zeiten:

Botschaft vom 25. Januar 1995

„… Ihr könnt, meine lieben Kinder, den Frieden nicht verwirklichen, wenn ihr nicht mit Jesus im Frieden seid. Deshalb lade ich euch zur Beichte ein, damit Jesus eure Wahrheit und euer Friede sei…"

Botschaft vom 25. November 2002

„Liebe Kinder! Auch heute rufe ich euch zur Umkehr auf. Meine lieben Kinder, öffnet Gott euer Herz durch die heilige Beichte und bereitet eure Seele, damit der kleine Jesus von neuem in eurem Herzen geboren werden kann. Erlaubt ihm, euch zu verwandeln und euch auf den Weg des Friedens und der Freude zu führen…"

Botschaft vom 25. Februar 2007

„Liebe Kinder! Öffnet euer Herz in dieser Fastenzeit der Barmherzigkeit Gottes. Der himmlische Vater möchte jeden von euch aus der Sklaverei der Sünde befreien. Deshalb, meine lieben Kinder, nützt diese Zeit und gebt eure Sünde ab durch die Begegnung mit Gott in der Beichte und entscheidet euch für die Heiligkeit. Tut dies aus Liebe zu Jesus, der euch alle durch Sein Blut erlöst hat, damit ihr glücklich und in Frieden seid. Vergesst nicht, meine lieben Kinder, eure Freiheit ist auch eure Schwäche, deshalb folgt meinen Botschaften mit Ernsthaftigkeit. Danke, dass ihr meinem Ruf gefolgt seid!"

Botschaft vom 25. Mai 2011

„Liebe Kinder! Mein Gebet ist heute für euch alle, die ihr die Gnade der Bekehrung sucht. Ihr klopft an die Tür meines Herzens, aber ohne Hoffnung und Gebet, in Sünde, und ohne das

Sakrament der Versöhnung mit Gott. Lasst die Sünde und entscheidet euch, meine lieben Kinder, für die Heiligkeit. Nur so kann ich euch helfen und eure Gebete erhören und Fürsprache vor dem Allerhöchsten suchen. Danke, dass ihr meinem Ruf gefolgt seid!“

Botschaft vom 25. November 2020

„... Arbeitet und erbaut den Frieden durch das Sakrament der Beichte. Versöhnt euch mit Gott, meine lieben Kinder, und ihr werdet Wunder um euch herum sehen...“

Die Beichte war in Medjugorje schon nach den ersten Erscheinungen viel geübte Praxis. Inzwischen hat sich der Gnadenort zum sprichwörtlich größten Beichtstuhl der Welt entwickelt. Sie kann dabei in vielen Sprachen abgelegt werden.

Abb. 80: Beichtstühle in Medjugorje

Nicht wenige von ihnen sind schon Jahre oder gar Jahrzehnte nicht mehr bei der Beichte gewesen und verspüren an diesem Ort geradezu das Bedürfnis, zu beichten. Beichtväter aus vielen Teilen der Welt spenden hier das Bußsakrament, sei es in den Beichtstühlen, in Beichtzimmern oder aber auch sehr oft einfach unter freiem Himmel. In ihrer Erscheinung vom 6. August 1982 empfiehlt die Gospa die monatliche Beichte.

Abb. 81 und 82:
Viele Beichten werden einfach unter freiem Himmel abgenommen.

Pater Slavko hat dem Thema der Beichte wiederum ein eigenes kleines Buch gewidmet mit dem Titel „Beichte – Gib mir dein verwundetes Herz“. Seine Gedanken dazu widerspiegeln die tiefe Spiritualität des Franziskaners.

Abb. 83: Buch von Pater Slavko zur Beichte

Interessant sind seine Überlegungen zu der Frage, welches die größte Sünde ist:

„Die Ursache des Bösen ist immer schwerwiegender und gefährlicher als die daraus folgenden bösen Werke. Die Folge kann man nur verhindern, wenn man auch die Ursache beseitigt. Das, was ich eigentlich sagen möchte, ist: Alle Sünden und Probleme werden durch den Mangel an Liebe verursacht. Wenn die Liebe fehlt, sind wir offen für alles Böse. Alle Kriege, alle Konflikte in den Familien, alle Ungerechtigkeiten, Morde, Abtreibungen sind die Folge des Mangels an Liebe gegenüber dem Leben und dem Lebensschöpfer. Das bedeutet: Der Mangel an Liebe ist die größte Sünde.“[18]

„Die Beichte ist die Begegnung eines Verwundeten mit einem Arzt…“, schrieb Slavko Barbarić.[19] *„Für eine Beichte bedarf es einer guten Vorbereitung des Beichtenden, um dem ‚Arzt‘ die Beschwerden möglichst gut und vollständig darlegen zu können. Umgekehrt muss auch der Beichtvater über große empathische Fähigkeiten verfügen:*

Man kann ihn leicht mit der Rolle des Arztes im Heilungsprozess des Kranken vergleichen. Ein Arzt muss die Krankheiten und die Krankheitserreger gut kennen, aber die Medikamente und die Heilungsprozesse noch besser. So ist es auch beim Priester. Er muss ein Mensch tiefen Glaubens, der Liebe und der Hoffnung sein, aber auch der tiefen Erfahrung über das geistliche Leben und die Gesetze des inneren Wachstums. Er muss zuhören können und das, was in der Seele des Beichtenden vorgeht, verstehen können. Nur so kann der Beichtvater das menschlich Mögliche tun, damit die Seele für das Wirken Gottes gut vorbereitet wird.“[20]

Die Beichte ist ein großes Geschenk. Sie ist die Reinigung unserer Seele von jeglichem Schmutz, also kann sie auch als „Großputz“ unserer Seele bezeichnet werden. Sie zu nutzen ist eine Gnade, denn sie ist die Versöhnung mit Gott und der Kirche. Die Häufigkeit, mit der das Sakrament der Versöhnung in Anspruch genommen wird, ist eine der Früchte von Medjugorje und es gibt wohl keinen Ort auf der Welt, an dem mehr Beichten pro Jahr gehört werden. Dort scheint das Verlangen beim einzelnen nach Empfang dieses Sakraments viel größer zu sein als anderswo.

Angelika Lang aus Innsbruck hat bei Pater Slavko gebeichtet und berichtet darüber:

„In der Beichte war er sehr klar und direkt in seinen Formulierungen, aber auch sehr liebevoll und weise. Ich kann mich beispielsweise sehr gut erinnern, dass ich in der Kirchenmusik aktiv war und da gab es eine Phase, in der ich etwas die Lust verloren hatte, weil ich einfach erschöpft war. Ich sagte ihm das in einem Beichtgespräch und er sagte zu mir: ‚Angelika, setz einfach mal eine Zeit aus, lass es einfach mal und dann schaust Du. Vielleicht geht es ja wieder.' Ich konnte dann tatsächlich weitermachen, denn das hatte mich so aufgebaut, dass ich wieder Kraft bekam."[21]

Eucharistie

Es wäre verwunderlich, wenn die Eucharistie im Lehrplan der Gospa fehlen würde. Sie ist Quelle und Höhepunkt des ganzen christlichen Lebens.[22] So sind denn auch die anderen vier Steine auf diesen fünften Stein hingeordnet.

Pater Pio hat einmal mit einem gewissen Humor in der Formulierung, aber inhaltlich absolut ernst gemeint, gesagt:

„Wenn die Menschen den Wert der heiligen Messe erkennen würden, müssten die Carabinieri täglich an den Kirchtüren stehen, um die Menschenmassen in Schranken zu halten."[23]

Es ist kaum vorstellbar, was hier geschieht. Jesus macht sich in seiner Demut so klein, dass er sich uns zur Speise gibt und sich gleichsam mit seiner Gottheit und seiner menschlichen Seele mit uns vereint. Wir werden mit ihm eins. Hierzu sei nochmals Pater Pio zitiert:

„Durch die Kommunion werden wir eins mit Christus. Es ist wie das Zusammenflammen zweier Kerzen…"[24]

Abb. 84: Pater Pio

Sehen wir uns zu diesem Thema zunächst wieder ausgewählte Botschaften der Gospa an:

Botschaft vom 07. März 1985

„… Liebe Kinder, regt die Jüngsten zum Gebet an und dazu, dass die Kinder zur Heiligen Messe gehen! …"

Botschaft vom 16. Mai 1985

„… Ich fordere euch zum aktiveren Gebet und zu einer aktiveren Teilnahme an der heiligen Messe auf. Ich wünsche, dass euer Messbesuch ein Gotteserlebnis wird…"

Botschaft vom 21. Dezember 1985

„… Kommt zur heiligen Messe, denn das ist die Zeit, die euch geschenkt ist. Liebe Kinder! Es sind viele, die trotz des schlechten Wetters regelmäßig kommen, weil sie mich lieben und ihre Liebe auf eine besondere Weise zeigen wollen. Ich erwarte von euch, dass ihr mir eure Liebe erweist, indem ihr zur heiligen Messe kommt. Und der Herr wird euch reichlich belohnen…"

Botschaft vom 3. April 1986

„... Ich möchte euch zum Miterleben der heiligen Messe einladen. Viele von euch haben die Freude und die Schönheit der heiligen Messe erfahren, und es gibt solche, die ungern zur heiligen Messe kommen. Ich habe euch, liebe Kinder, auserwählt und Jesus gibt euch Seine Gnaden in der heiligen Messe. Daher lebt bewusst die heilige Messe, und jedes Kommen soll euch Freude bereiten. Kommt mit Liebe und nehmt mit Liebe die heilige Messe an!..."

Botschaft vom 25. April 1988

„... Gott möchte euch heilig machen. Deshalb lädt Er euch durch mich zur vollkommenen Hingabe ein. Die heilige Messe soll euch das Leben sein. Begreift, dass die Kirche der Palast Gottes ist; der Ort, wo ich euch versammle und wo ich euch den Weg zu Gott zeigen möchte. Kommt und betet! Schaut nicht auf die anderen und redet nicht schlecht über sie. Euer Leben soll vielmehr Zeugnis auf dem Weg der Heiligkeit sein. Den Gotteshäusern, die geweiht sind, gebührt Ehrfurcht, denn in ihnen wohnt Tag und Nacht Gott, der Mensch geworden ist..."

Botschaft vom 25. Januar 1998

„... Die Heilige Messe, meine lieben Kinder, soll nicht nur Gewohnheit, sondern das Leben für euch sein. Indem ihr jeden Tag die Heilige Messe lebt, werdet ihr das Bedürfnis nach Heiligkeit spüren und in der Heiligkeit wachsen..."

Auch zur Eucharistie hat Pater Slavko ein kleines Buch geschrieben und zwar mit dem gleichnamigen Titel „Eucharistie".

Abb. 85: Buch von Pater Slavko zur Eucharistie

Der Gospa ist es ein Anliegen, vorbereitet in den Gottesdienst zu kommen und auch danach nicht gleich wieder die Kirche zu verlassen. In einem Vortrag vom 30. Dezember 1985 veranschaulichte Pater Slavko, was er unter einer guten Vorbereitung der Messe verstand und wie das Danach aussehen kann:

„Wenn die Muttergottes die Vorbereitung zur Messe verlangt, müsste jeder Priester auch darüber etwas sagen und verlangen, sich auf die Messe vorzubereiten. Wenn die Muttergottes die Danksagung verlangt, so müsst Ihr Euch fragen, ob wir die Danksagung nach der Messe halten. Und noch ein Beispiel: Man kommt zur Kirche, sobald die Glocken läuten, und unmittelbar nach dem Segen verlässt man die Kirche wieder. Wenn Ihr in der Kirche angekommen seid, seid Ihr bereits müde und nervös, weil Ihr einen Parkplatz suchen musstet. Was kann man da in einer Messe von 40 bis 45 Minuten empfangen? Es ist wie in einer Küche, in der man sehr schöne Mahlzeiten vorbereitet, aber nicht isst. Dann bleibt der Hunger.

Warum gehen viele nicht mehr zur Messe? Weil sie sich für die Messe nicht vorbereiten. Sie bekommen nichts, und danach fragen sie sich, warum sie hingehen sollen. Man muss sich also vorbereiten und danksagen.

Wie soll man sich vorbereiten? Man kann beispielsweise 20 Minuten vor Beginn der Messe kommen und beten – vielleicht einen Rosenkranz oder sich ganz einfach beim Herrn ausruhen. Bei der Danksagung sagen wir erneut dem lebendigen Jesus, den wir in der Hostie empfangen haben: ‚Du Herr, hast das Wort für mich, das mich heilen kann.' Wie aber kann Er uns heilen, wenn wir Jesus nicht erlauben, es zu tun, weil wir sofort weggehen? Deshalb müssen wir uns etwas mehr Zeit vor und nach der Messe nehmen. So können wir besser vorankommen."[25]

Abb. 86: Pater Slavko während einer Eucharistiefeier

Wenn die Gospa uns schließlich auffordert, die hl. Messe nach einer guten Vorbereitung mit dem Herzen mitzufeiern, dann schrieb Pater Slavko dazu:

„… wenn ihr zur hl. Messe kommt, seid mit dem Herzen dabei. Etwas mit dem Herzen zu tun, bedeutet nichts anderes, als es mit Liebe zu tun, in Demut und mit Bedacht…, was wiederum voraussetzt, dass man es ohne Zwang und gerne tut. Damit wird jeder Funke von Langeweile, das Gefühl der Zeitverschwendung oder auch das Bedürfnis, das Gebet oder die Messe zu umgehen, ausgeschaltet. Es wäre wichtig zu betonen, dass Beten und Feiern mit dem Herzen keineswegs heißt, immer affirmativ gestimmt zu sein. Das hängt ja nicht von unseren Gefühlen ab, sondern von unserer inneren Einstellung. Abhängig von unseren Lebensumständen, kann diese manchmal von positiven und manchmal von negativen Gefühlen begleitet sein. Der Wert des Gebetes ist indessen vom Gefühl unabhängig. Oft verbleiben uns nur der Wille und der Wunsch, alle Hindernisse zu beseitigen, um etwas zu verwirklichen… Liebe, die nur vom Gefühl abhängt, hat

nicht das Recht, Liebe genannt zu werden. Im geistigen Leben können Schwierigkeiten beim Beten und im Mitfeiern der Messe auch Versuchung bedeuten... Viele hören wegen der Schwierigkeiten auf zu beten und die hl. Messe mitzufeiern. Anstatt die Schwierigkeiten zu überwinden, wie man sie ja auch im Alltag überwindet, resignieren sie. Das Gebet und das Feiern der Eucharistie mit dem Herzen sind jedoch die Basis für alles andere. Die Art, wie man jemanden begrüßt, wie man ihm die Hand reicht oder mit ihm spricht, macht deutlich, wieviel Herz dabei ist. Auch die Art, wie man die Kirche betritt, sein Haupt senkt und sich bekreuzigt, wie man sitzt und sich erhebt, kniet oder die hl. Kommunion empfängt und wie man die Kirche verläßt, zeigt, mit wieviel Liebe und Ehrfurcht man dabei ist.“[26]

Die hl. Messe fordert eine aktive Teilnahme von uns Gläubigen, und sie soll uns nicht zuletzt auch auf den Weg der Umkehr bringen:

„*Das Erleben der hl. Messe ist eine Gnade, die wir von Gott erbitten können. Trotzdem müssen wir uns bemühen, die hl. Messe immer besser zu verstehen und dürfen nicht aufhören, uns darauf vorzubereiten... Es ist deprimierend zu sehen, dass Christen ungern in die hl. Messe kommen. Das ist das untrügerische Zeichen dafür, dass sie im Grunde nichts begriffen haben... Es ist sehr traurig, wenn wir die große Liebe Christi nicht begreifen und die Messe nicht anders als eine lästige sonntägliche Pflicht erleben, die uns daran hindert, uns am Sonntag zu entspannen und uns auf die neue Arbeitswoche vorzubereiten. In diesem Falle haben wir weder die Liebe Christi, die er uns schenkt, erkannt, noch sind wir dafür dankbar. Wir sind uns auch nicht des unendlichen Wertes der hl. Messe und der Begegnung mit dem eucharistischen Christus für unser Wachsen und unser geistiges Leben bewusst.*“[27]

Pater Slavko feierte die Messe stets verinnerlicht, wie Pater Dietrich von Stockhausen bezeugt:

„In der hl. Messe habe ich Pater Slavko so erlebt, dass er sehr tief in das Geschehen der Eucharistie eingetaucht war, er war einfach ganz dabei. Wenn ihn dabei etwas störte, konnte er ganz schnell umschalten, um für die Beseitigung der Störung zu sorgen, um dann wieder intensiv in die Messe zu tauchen.“[28]

Abb. 87: Pater Slavko während einer Messe

Ein Beispiel für die Beseitigung von Störungen in der Kirche schildert Pater Markus Schlichthärle OFM vom Kloster Schwaz:

Abb. 88: Pater Markus Schlichthärle

„Ich fuhr mit meiner Familie 1985 im Alter von zehn Jahren nach Medjugorje. Damals waren die Außenanlagen der Kirche noch nicht so angelegt wie heute, sondern neben der Kirche wuchsen Obstbäume. Zwischen diesen Bäumen spielten wir Fußball. In der Kirche lief inzwischen das Abendprogramm. Wir schossen den Ball immer wieder gegen das Fundament der Kirche…

Plötzlich kam Pater Slavko aus der Kirche, schaute sich um, und als er uns entdeckte, als wir gerade wieder den Ball gegen das Fundament kickten, sagte er mit einem Lächeln: ‚Ihr könnt hier nicht Fußball spielen, das hört man alles in der Kirche.' Er war ja selbst ein begeisterter Fußballer, und so konnte er unser kindliches Fußballspiel mit dem notwendigen Humor kommentieren.“[29]

Es ist aber nicht nur der Besuch der hl. Messe, die die Gospa uns ans Herz legt, sondern auch die eucharistische Anbetung. So sagt sie beispielsweise am 25. März 2008:

Botschaft vom 25. März 2008

„Liebe Kinder! Ich rufe euch auf, an eurer persönlichen Umkehr zu arbeiten. Noch seid ihr fern von der Begegnung mit Gott in eurem Herzen. Deshalb verbringt so viel Zeit wie möglich im Gebet und in der Anbetung Jesu im Allerheiligsten Sakrament des Altares, damit Er euch verändere und in eure Herzen den lebendigen Glauben und den Wunsch nach dem ewigen Leben hineinlege. Alles ist vergänglich, meine lieben Kinder, nur Gott ist unvergänglich. Ich bin bei euch und rege euch mit Liebe an. Danke, dass ihr meinem Ruf gefolgt seid!“

Pater Slavko hat in Medjugorje schon sehr bald die tägliche Anbetung eingeführt.

Abb. 89: Anbetung in Medjugorje

Nicht nur das, Pater Slavko ermöglichte darüber hinaus auch die Nachtanbetung. Milona von Habsburg kann sich daran noch gut erinnern:

Abb. 90: Nachtanbetung

„Er hat auch einige Dinge im Abendprogramm hier angefangen... Er sagte: ‚Pilger sollen am Abend nicht allein bleiben, sondern sollen noch etwas zu tun haben. Er wollte nicht, dass sie ausgehen in die Bar, weil die Gewohnheiten von zu Hause da waren. Und da hat er die Abendanbetung angefangen... Wir waren zu siebt, einige Pilger. Beim alten Pfarrhaus gab es ein Wellblechdach, wo man die Autos drunterstellte. Da war so ein kleiner Garten..., die Schwestern haben da Gemüse angebaut... und da war dieses Wellblechdächchen. Und da war die erste Abendanbetung. Pater Slavko hatte das Allerheiligste in der Hand, und die Pilger haben angebetet, nachts draußen. So hat das angefangen.“[30]

Medjugorje bietet heute ein sehr umfangreiches Programm zu allen fünf Steinen der Gospa an. Vieles davon ist der Initiative von Pater Slavko zu verdanken.

14 Das Jugendfestival

Eine Erfolgsgeschichte ohne Vergleich ist das jährlich im Juli/August stattfindende Jugendfestival Medjugorje und zwar bis heute. Freilich waren die Anfänge im Jahr 1989 eher bescheiden, wie Vikica Dodig erläutert:

„Ich war beim ersten Jugendfestival dabei. Zuvor sagten jugendliche Pilgerinnen und Pilger, dass irgendwie das ganze Programm in Medjugorje ziemlich eingefahren und eher an älteren Menschen ausgerichtet sei, aber speziell für die Jugend sei einfach noch zu wenig vorhanden. Pater Slavko nahm diese Anregung auf und so wurde der Gedanke an ein Jugendfestival geboren. Er wollte der Jugend eine Zeit schenken, die nur ihr gehört und sich das Programm mit Lobpreis, persönlichen Zeugnissen usw. an ihren Bedürfnissen ausrichtet.“[1]

Abb. 91: Foto vom ersten Jugendfestival 1989. Die grünen Zelte blieben vielen in Erinnerung.

Beim ersten Jugendfestival waren es immerhin rund 500 Jugendliche, die daran teilnahmen. Der Begriff Improvisation traf auf diese Anfangsveranstaltung eher zu als Organisation. So spielte sich vieles in Zelten ab.

Aber das zarte Pflänzchen blühte auf. Jedes Jahr wurden es mehr Jugendliche. 2021 kamen die Teilnehmerinnen und Teilnehmer aus über 80 Ländern. 266 Priester konzelebrierten. Über vier Millionen Menschen verfolgten das „Megaevent" im Internet.

Es ist herrlich anzusehen, wie in Medjugorje so viele junge Menschen mit dem Feuer der Begeisterung Gäste der Gospa sind und erfahren, wie schön es sein kann, gemeinsam seinen Glauben vor der Welt zu bekennen.

Abb. 92: Jugendfestival 2009

Viele Jugendliche tragen das religiöse Erlebnis in ihre Heimatländer und animieren andere, ebenfalls zu kommen. So war es auch im Fall von Bernadette Lang aus Salzburg:

Abb. 93 : Bernadette Lang auf einem Jugendfestival

„Ich bin 1990 geboren und wuchs in einer traditionell katholischen Familie auf, so dass ich den Glauben als solchen durchaus kennengelernt habe. Als ich aber mit 14 Jahren in der Pubertät war, geriet ich in eine Glaubenskrise, wie es wohl bei vielen Jugendlichen in diesem Alter der Fall ist. Ich habe mir damals die Frage gestellt, ob Gott überhaupt existiert. In dieser Zeit hörte ich auch viel Musik, die mich von Gott etwas entfernt hat.

Es war dann eine Freundin, die im Jahr 2005 zu mir sagte: ‚Hey, Du musst unbedingt mitkommen nach Medjugorje, zum Jugendfestival.' Ich hatte keine Ahnung, aber sie war so begeistert davon, dass sie mich überredet hat, die Reise nach Medjugorje anzutreten. Letztendlich bin ich nur mitgefahren, weil wir in Kroatien ans Meer kommen sollten und das reizte mich. Der Bus war ein ‚Doppeldecker', besetzt mit rund 90 Jugendlichen. Während der Fahrt haben diese Jugendlichen den Rosenkranz gebe-

tet und Zeugnisse abgelegt, wie Gott in ihr Leben gekommen ist. Das war für mich schon etwas komisch, weil ich den Rosenkranz als langweiliges Gebet in Erinnerung hatte, den nur alte Damen beten. Richtig einordnen konnte ich das alles nicht, es blieb zunächst nur das Staunen über die anderen Jugendlichen.

Als wir in Medjugorje ankamen, standen wir auf dem großen Platz zusammen mit etwa 40.000 Leuten. Allein das hat mich unheimlich beeindruckt, so viele junge begeisterte Menschen zu sehen. Von zu Hause war ich es gewohnt, dass junge Menschen oft Alkohol trinken, bevor sie zusammen zu tanzen beginnen. Die Jugendlichen hier waren anders. Sie hatten keinen Alkohol zu sich genommen, aber sie tanzten mit entsprechenden Bewegungen zu den Liedern, die dort gesungen wurden. Das war unheimlich beeindruckend, diese Menschen in ihrer Freiheit zu erleben und die mit viel Freude und Begeisterung bei der Sache waren. Irgendwie beneidete ich sie um diese innere Freiheit, die sie ausstrahlten.

Die Feier der hl. Messe war ebenso bewegend. Auch hier erwartete ich zunächst, etwas Langweiliges zu erleben, aber das war nicht so. Mir ist noch gut in Erinnerung, dass die Priester vom Freialtar zu den Jugendlichen heruntergeströmt sind, um die Kommunion auszuteilen. Als ich eine Freundin sah, die beim Kommunionempfang weinte, dachte ich: ‚Wow, da muss etwas Großes passieren.' Mir wurde klar, dass es tatsächlich Jesus, der Sohn des lebendigen Gottes ist, der unter der Gestalt des Brotes ist, und das der Priester bei der Wandlung in die Höhe hielt und das schließlich ausgeteilt wurde.

Ein Erlebnis sollte auch die Anbetung werden. Sie wurde eingerahmt von schön gestalteten meditativen Texten. Ich kniete unter 40.000 Menschen und mich überfiel plötzlich das schöne Gefühl, dass Gott mich liebt. Es war wie ein Wasserfall der Liebe. Ich spürte, dass Gott mich allein aufgrund meiner Existenz liebt. Das war für mich der Moment, wo ich Gott besser kennenlernen wollte. Es war eine Einladung für ein Abenteuer.

Maria selbst habe ich zu Hause eher als langweilige Frau empfunden, die auch in den Marienstatuen nicht immer ästhetisch dargestellt war. Hier in Medjugorje habe ich sie aber als wunderschöne Frau erfahren, die sich radikal der Liebe Gottes verschrieben hat, und so gelang es mir, auch zu ihr einen Zugang zu finden.

Als ich wieder zu Hause war, gründete ich eine Jugendgruppe, die im Grunde genommen das Programm von Medjugorje mit Gebet usw. praktiziert hat."[2]

Pater Slavko war zu seinen Lebzeiten einer, der dafür sorgte, dass auch solche Treffen von Niveau und Würde getragen waren, wie sich Angelika Lang entsinnen kann:

Abb. 94: Angelika Lang aus Innsbruck

„Ich war auch beim Jugendfestival dabei. Pater Slavko war einer, der vor allem die Jugend angezogen hat. Mir ist eine Begebenheit in Erinnerung. Pater Slavko legte viel Wert darauf, dass die Jugendlichen, die im Altarraum zu den Akteuren gehörten, anständig gekleidet waren. Er vermittelte das auch, indem er sagte: ‚Bitte, zieht Euch ordentlich an.' Er hat einmal ein Mädchen, dass ein Top trug, das sehr viel Haut zeigte, weggeschickt. Da konnte er streng sein. Das mag für manche heute befremdlich erscheinen, aber der Altarraum war für ihn sakrosankt, und da hatte er einfach eine Linie, die er auch konsequent vertrat. Er empfahl den jungen Menschen auch, am Abend nicht zu spät schlafen zu gehen, um am nächsten Tag für die Sache Gottes wieder aufnahmefähig zu sein. Er war insgesamt betrachtet bei den Jugendfestivals kein Spaßverderber, aber er hatte Grundsätze, die die Jugendlichen respektieren mussten."[3]

Abb. 95: Jugendfestival 2009

Abb. 96: Es ist erstaunlich, wie viele Nationen an diesem Großereignis teilnehmen.

Das Jugendfestival wird immer mit dem Namen von Pater Slavko verbunden bleiben, auch wenn die heutigen Teilnehmerinnen und Teilnehmer ihn persönlich nie erlebt haben. Es ist ein Teil seines geistigen Erbes.

15 Globetrotter für Medjugorje

Pater Slavko war nicht nur in Medjugorje selbst unermüdlich tätig, sondern er wurde für die Gospa zum Globetrotter, Botschafter und Missionar auf allen fünf Kontinenten.

Es war trotz intensiver Recherchen nicht möglich, seine sämtlichen Auslandsreisen zusammenzutragen. René Lauretin bzw. die Gebetsaktion Medjugorje in Wien haben aber in ihren Jahrbüchern zu Medjugorje jeweils Zeittafeln veröffentlicht, aus denen nachfolgend wenigstens die Reisetätigkeiten von Pater Slavko für die Jahre 1995 bis zu seinem Tod rekonstruiert werden konnten:

Datum	**Land**	**Städte**
05. - 07.05.1995	Österreich	Wien
16. - 26.08.1995	England	Aylesford, London
23.09.1995	Belgien	Beauraing
15.01.-06.02.1996	Réunion, Mauritius, Uganda	
25./26.07.1996	England	London
24. - 30.08.1996	England	
27.01.-14.02.1997	Südafrika	
14.03.1997	Luxemburg	
15.03.1997	Banneux	
12. - 14.06.1997	Niederlande	
03. - 10.11.1997	Deutschland	
12. - 24.01.1998	Polen	
25./26.02.1998	Deutschland	

30.08.1998	England	
10.10.1998	Italien	
07./08.11.1998	Deutschland	Nürnberg, Passau
11. - 15.01.1999	Slowenien	
19. - 21.03.1999	Niederlande	
28.07.1999	England	
28.08.-03.09.1999	England	
17. - 20.09.1999	Belgien, Luxemburg	
01.10.1999	Niederlande	
21. - 23.01.2000	Deutschland	Schwäbisch-Gmünd, Hochalting, Marktsteinach bei Schweinfurt
24. - 28.08.2000	England	
15. - 18.09.2000	Belgien, Deutschland	U.a. Brüssel, Beauraing

Pater Slavko nahm auf diesen Reisen auch die Gelegenheit zu einem Besuch kroatischer Gefangener im Kriegsverbrechergefängnis in Den Haag wahr, um dort die Beichte abzunehmen.

Es waren nicht nur unzählige Menschen aus dem Volk, denen er im Ausland begegnete, sondern er scheute auch den Kontakt mit namhaften Persönlichkeiten des öffentlichen und kirchlichen Lebens nicht, um für die Anliegen der Gospa zu werben.

Abb. 97: Pater Slavko, Anton Merkovic und Dr. Maximilian Domej bei Kardinal Frantisek Tomasek 1990 in Prag

Abb. 98: Pater Slavko mit dem damaligen österreichischen Außenminister Dr. Alois Mock 1994 in Wien

Wie sehr ihm bei seiner Reisetätigkeit auch der afrikanische Kontinent am Herzen lag, zeigt eine kleine Episode aus Deutschland, die Alfred Heck vom Medjugorjekreis Köln schildert:

„Rund 3 Jahr später, für Ende Januar 1987, hatte mir Pater Slavko sein Kommen nach Köln für rund 4 Tage zugesagt. Ein komplettes Seminar/Besinnungswochenende war vereinbart: Eine große Basilika, ein kath. Bildungshaus und die Aula eines benachbarten Gymnasiums waren bereits reserviert.

Abb. 99: Alfred Heck

Dann, Spätsommer 1986, anlässlich eines deutschlandweiten Medjugorjetreffen in Kernzell bei Fulda, sieht und erkennt mich Pater Slavko in der Menge, nimmt mich sofort zu einem Gespräch zur Seite und erklärt klar und schnörkellos, dass er die Verabredung nicht einhalten könne. Er habe ‚soeben' für den gleichen Zeitraum eine Einladung von einem afrikanischen Bischof erhalten, die sich zeitlich nicht verschieben lasse. Wir Deutsche hätten ja jederzeit die Möglichkeit, selber nach Medjugorje zu kommen und sein Kommen nach Deutschland sei nicht zwingend erforderlich. Den Afrikanern sei dies ganz überwiegend nicht möglich und er wolle der Gnade Gottes nicht im Wege stehen, bei der Möglichkeit, die Friedensbotschaft der Gospa auch in Afrika zu verbreiten. Auch wolle er, Slavko, mithelfen, dass einer seiner franziskanischen Mitbrüder statt seiner nach Köln komme.

Natürlich war ich spontan durch diese Absage enttäuscht! Rein menschlich: Welcher Gebetskreis konnte sich damals schon mit einem Seminar von Pater Slavko ‚schmücken'?!

Aber die Ehrlichkeit und Offenheit von Slavko: Kein ‚Drumrum' und keine ‚Ausreden'! Gepaart mit der klaren Erkenntnis, dass er in Afrika mehr und nachhaltiger wirken könne als in Köln. Das war es, was mir imponierte und bis heute ein Vorbild ist."[1]

Auf alle Auslandsreisen von Pater Slavko einzugehen, würde den Umfang dieses Buches sprengen. Beispielhaft sei die Reise nach Afrika aus dem Jahr 1997 beschrieben, über die er Tagebuch führte. Begleitet wurde er von der Seherin Vicka.

So flogen die beiden am 27. Januar 1997 von Split über Rom nach Südafrika. Am folgenden Tag erreichten sie Johannesburg. Nach der Besichtigung des Nationalparkes absolvierten sie das Abendprogramm in der Kirche.

Abb. 100: Johannesburg war die erste Station der Reise

Der nächste Tag war der Öffentlichkeitsarbeit gewidmet, denn einige Reporter wollten mit den Gästen aus der Herzegowina über Medjugorje sprechen.

Danach folgte ein Gespräch mit den Eltern eines drogenabhängigen Sohnes, der zur Umkehr entschlossen war. Pater Slavko nahm deshalb von Südafrika aus Kontakt mit Schwester Elvira auf. Kurzerhand durfte der Sohn dann die beiden auf der Rückreise nach Medjugorje begleiten.

Am 30. Januar 1997 ging es weiter nach Lilongwe in Malawi. Der afrikanische Staat litt unter enormen Problemen. Über 40 % der Bevölkerung waren damals mit HIV infiziert. Mit 50 Priestern und Schwestern traf man sich zu einem Gespräch. Ein Besuch bei Altbischof Msgr. Tarzici, der Medjugorje schon besucht hatte, durfte nicht fehlen. Nach dem Abendprogramm schloss sich ein Treffen mit dem amtierenden Bischof, Mathias Chinole, an.

Abb. 101: Lilongwe in Malawi

Der letzte Januartag führte Pater Slavko und Vicka in die Provinz Mzuzu im Norden des Landes. Dieser Tag war ganz dem Gebet und den Erscheinungen von Medjugorje gewidmet.

Am 3. Februar 1997 stand neben einer Begegnung mit 50 Priestern und Nonnen ein Besuch bei Erzbischof James Chione auf dem Programm. Nachmittags flogen die beiden Gäste weiter in die Landeshauptstadt Harare.

Einen Tag später wirkten sie bei Fernseh- und Rundfunksendungen mit, bevor es am 7. Februar zurück nach Johannesburg ging. Letzte Station der Reise sollte die Hafenstadt Durban sein, wo die Kirche beim Gottesdienst überquoll.

Überall wurden die beiden herzegowinischen Gäste begeistert empfangen und aufgenommen. Die Reise wurde zu einem vollen Erfolg.

Zwei weitere Auslandsaufenthalte verdienen es wegen ihrer besonderen Bedeutung, eigens Erwähnung zu finden. Da ist zum einen der 12. Internationale Familienkongress in Wien, der vom 20. bis 23. Oktober 1988 stattfand. Über 5.000 Teilnehmerinnen und Teilnehmer konnten verzeichnet werden. Schirmherrin und eine der Referentinnen war keine Geringere als Mutter Teresa.

Abb. 102: 12. Internationaler Familienkongress im Jahr 1988 in Wien

Auch Pater Slavko hielt auf dem Kongress einen Vortrag und zwar mit dem Titel „Familie als Baustein der Glaubenserneuerung". Es ist kaum zu glauben, aber es fügte sich, dass es zu einer Begegnung der beiden kam, wie Pater Ignaz Domej berichtet:

„Im Oktober 1988 fand in Wien der 12. Internationale Familienkongress statt. Mutter Teresa und Pater Slavko waren dort Referenten. In einer Pause kam es zu einem Zusammentreffen der beiden. Mutter Teresa hatte damals schon ziemliche Herzprobleme. Pater Slavko erzählte ihr etwas von Medjugorje und die beiden tauschten ihre Rosenkränze."[2]

Abb. 103: Msgr. Dr. Leo Maasburg, Bischof Paul Mária Hnilica SJ, Mutter Teresa, Pater Slavko

Abb. 104: Mutter Teresa und Pater Slavko im Gespräch

Zum anderen lud die Internationale Theologische Sommerakademie in Aigen, die vom Linzer Priesterkreis getragen wurde, 1991 zu einer mehrtägigen Veranstaltung mit dem Titel „Buße – Umkehr, Formen der Vergebung" ein, also zu einem Thema, das Pater Slavko geradezu auf den Leib geschnitten war. Es wurde ihm die Ehre zuteil, neben namhaften Theologen wie beispielsweise Leo Kardinal Scheffczyk einer der Referenten zu sein. Der Titel seines Vortrages lautete: „Beichte als innere Heilung".

Eine gewisse Nuance erhielt diese Veranstaltung dadurch, dass auch der damalige Präfekt der Glaubenskongregation, Joseph Kardinal Ratzinger in Aigen dabei war. Am Rande dieses kulturellen Events kam es am 28. August 1991 zu einem Gespräch zwischen Kardinal Ratzinger, Pater Slavko und Pater Ignaz Domej, der aus seinen Erinnerungen erzählt:

„Ich hatte vernommen, dass Kardinal Ratzinger Festprediger der Veranstaltung in Aigen sein würde. Der Organisator der Veran-

staltung kannte ihn persönlich und ich bat ihn, Kardinal Ratzinger zu fragen, ob ein Interview mit ihm möglich wäre.

Pater Slavko hielt bei der Tagung einen Vortrag über das Thema ‚Umkehr'. Ich sagte ihm, dass ich für die Mittagszeit einen Interviewtermin mit Kardinal Ratzinger habe. Er fragte mich, ob er [Slavko] mitkommen könne. Wir trafen uns nach dem Mittagessen in einem Flur des Tagungsgebäudes, in dem es Sitzmöglichkeiten gab. Das Gespräch dauerte fast eine Stunde und beinhaltete mehrere Themen. Ich fertigte einige Fotos an und händigte Kardinal Ratzinger auch Unterlagen über Medjugorje aus, worüber er sich sehr freute. Er sagte, dass er noch einen Text zu Medjugorje verfassen würde, was er dann auch tat. Wir haben diesen im Heft 22 der Gebetsaktion Medjugorje veröffentlicht."[3]

Abb. 105: Pater Slavko in Aigen im Gespräch mit dem damaligen Präfekten der Glaubenskongregation, Joseph Kardinal Ratzinger

Pater von Stockhausen ist noch gut im Gedächtnis, dass Pater Slavko mit dem Ergebnis trotzdem nicht zufrieden war:

„Von diesem Treffen kam Pater Slavko ziemlich ernüchtert und auch enttäuscht zurück. Er hatte sich mehr davon erwartet.“[4]

Nicht zuletzt durch seine Reisen wurde Pater Slavko zum Botschafter für Medjugorje.

Es waren aber nicht nur die zahlreichen Auslandsreisen, die Pater Slavko zur Missionierung und Verbreitung der Botschaften der Gospa nutzte, sondern ihm war vollkommen bewusst, dass auch die Massenmedien und das Internet große Chancen eröffneten. Er gab unzählige Interviews und er ging daran, einen kleinen Radiosender ins Leben zu rufen, bei dessen Entstehung der Vater von Vikica Dodig eine Rolle spielte, wie sie erzählt:

„Der Radiosender ‚Mir‘ hatte ... eine eigene Vorgeschichte. Ein Italiener hatte Pater Slavko eine neun Meter lange Radioantenne geschenkt. Er ging zu meinem Vater und fragte ihn, ob er die Antenne bei ihm bzw. auf dem Sportzentrum aufbringen dürfe, das mein Vater betreute. Unser Anwesen lag auf einer Anhöhe, so dass dort bessere Sendebedingungen herrschten als unten im Ort, wo die Kirche und das Pfarrhaus standen. Die Reichweite war damals mit rd. fünf Kilometern natürlich noch bescheiden. Gesendet wurde beispielsweise das Gebetsprogramm.“[5]

Bei diesen Anfängen sollte es indes nicht bleiben. Bereits während des damaligen Krieges wurde am Aufbau des Radiosenders „Mir“ gearbeitet. Medjugorje Deutschland e.V. leistete hierbei neben Anderen wertvolle Hilfe. Peter Späth aus Schemmerhofen war einer, der vor Ort an diesem neuen Sender arbeitete:

„In den 90er Jahren gab es in Medjugorje einen Sender, der wohl von einem Freundeskreis betrieben wurde. Dieser hatte eine Sen-

defrequenz zugeteilt bekommen, um in Medjugorje und Umgebung senden zu können. Sie hatte in etwa den Standard einer Amateurfunkanlage und war am Ende kriegsbedingt unbrauchbar geworden.

So entstanden Überlegungen, in Medjugorje einen Radiosender einzurichten, um letztendlich in die Welt senden zu können. Die Franziskaner wandten sich an Hubert Liebherr, der in den Kriegszeiten viel Erfahrung mit Hilfstransporten gemacht hatte, und fragten ihn, ob er jemand wisse, der hier helfen könne. Hubert Liebherr sagte, dass es in Deutschland sehr schwierig sei, eine Radiofrequenz zugeteilt zu bekommen, dass wir aber Leute hätten, die über das technische Knowhow verfügen würden.

Hubert Liebherr kam dann mit dem Anliegen der Franziskaner nach Pfaffenhofen-Beuren zu Medjugorje Deutschland e.V. Er stellte für das Projekt einen namhaften Betrag zur Verfügung. Ich arbeitete damals bei Radio Maria und so wandte er sich an mich mit der Frage, wie wir da helfen können. Von Medjugorje erhielten wir Raumpläne. Das Studio sollte im Informationszentrum ‚Mir' entstehen. Wir schauten, was wir im Bestand an Geräten nach Medjugorje bringen konnten und haben es zusammen mit günstigen Zukäufen schließlich geschafft, die notwendige Studioausrüstung zu besorgen.

In Deutschland haben wir zunächst die Anlage soweit zusammengebaut, dass wir nach einigen Monaten die Reise nach Medjugorje antreten konnten. Wir fuhren mit einem Mercedes-Bus mit großem Anhänger zu viert in die Herzegowina. Die Fahrt selbst war etwas abenteuerlich. Insgesamt mussten wir sieben Grenzen passieren.

In Medjugorje begannen wir zusammen mit Hilfe einheimischer Personen, das Studio in einem großen Raum im Untergeschoss von ‚Mir' einzurichten. Nach rund drei Wochen war die Arbeit fertiggestellt.

Pater Slavko hat uns all die Zeit unterstützt und kam auch immer wieder, um zu sehen, wie die Fortschritte waren. Ihm war der Ausbau des Senders ein großes Anliegen. Er sagte: ‚Wir müssen Medjugorje in die Welt hinaustragen.' Pater Slavko hat sich mehr um die Gesamtbetreuung des Projektes gekümmert, aber nicht um Details. Er hat auch dafür gesorgt, dass wir immer gut verköstigt wurden, und er gab zuweilen auch einen geistigen Impuls.

So haben wir also die Anfänge des Senders live miterlebt. Der Sender ging schließlich einige Zeit nach unserer Abreise in Betrieb und durchlief natürlich auch eine technische Entwicklung. Zu unserer Zeit war die räumliche Reichweite des Radios doch noch sehr begrenzt, aber im Laufe der Zeit erfolgte die Übertragung über Satelliten, so dass Medjugorje in der ganzen Welt gehört werden konnte. Auch der Einsatz von Videokameras kam hinzu."[6]

Am 25. November 1997 nahm das neue Radio „Mir" seinen Betrieb auf. Pater Slavko gestaltete viele Sendungen. So ging seine Stimme um die ganze Welt.

Er unterstützte auch den Aufbau einer Internetseite für Medjugorje.

16 Ein 24-Stunden-Seelsorger auf dem Weg zur Heiligkeit

Pater Slavko bekam viele Talente in die Wiege gelegt. Das allein ist aber noch kein Garant für ein gelingendes Leben. Es ist jedenfalls eine ganz andere Sache, aus seinen Talenten etwas zu machen und sie für Gott einzusetzen, von dem wir sie erhalten haben. Pater Slavko sagte dazu:

„Gott hat uns Talente gegeben, damit wir mit ihm zusammenarbeiten können; wenn wir gegen ihn und seine Gebote arbeiten, verlieren wir alles.“[1]

Für den Erfolg muss sich aber zu den Begabungen noch etwas Wesentliches hinzugesellen, nämlich Fleiß.

Pater Slavko war von Jugend auf bis zu seinem Tod ein hochengagierter Arbeiter im Weinberg des Herrn. Das zeigte sich bereits im Studium, später dann an seinen Einsatzorten und schließlich all die Jahre in Medjugorje.

Pater Ivan Landeka beschreibt einen gewöhnlichen Arbeitstag von Pater Slavko:

Abb. 106: Pater Ivan Landeka

„Ich denke, dass er gegen 5 Uhr morgens bereits auf den Beinen war. Sein erster Weg führte ihn jeden Tag abwechselnd auf den Erscheinungsberg oder den Kreuzberg. Davon ließ er sich auch durch die Dunkelheit in den kalten Monaten des Jahres nicht abschrecken.

Die Konventmesse begann um 7.30 Uhr. Erst kurz davor kam er vom Berg herunter bei der Kirche an. Nach der Messe frühstückten wir im Pfarrhaus. Danach konnte ich mit ihm kurz ein paar Dinge absprechen. Anschließend ging Pater Slavko seinen Verpflichtungen und Terminen nach. Er hat sich in dieser Zeit vor allem um Menschen gekümmert, die sich mit ihren Sorgen bei ihm angemeldet hatten. Nicht jeden Tag, aber öfters besuchte er das Mutterdorf. In Cenacolo hielt er zwei Mal in der Woche die hl. Messe und jede Woche hörte er dort auch die Beichte.

Um 12 Uhr aßen wir im Pfarrhaus zu Mittag. Dabei war er immer gut gelaunt und fröhlich. Für einige Minuten legte er sich danach zur Ruhe. Um 13.30 Uhr ging sein Arbeitsalltag weiter und zwar ebenso hauptsächlich mit seelsorglichen Gesprächen wie am Vormittag.

Um 17 Uhr in der Winterzeit und um 18 Uhr in der Sommerzeit begann das Abendprogramm mit dem Rosenkranz. Gleichzeitig wurde Beichte gehört. Pater Slavko saß dabei nicht immer im Beichtstuhl, weil er noch Gespräche mit Mitmenschen hatte, die sich in Not befanden.

Die Abendmesse schloss sich in der Winterzeit um 18 Uhr und in der Sommerzeit um 19 Uhr an. Pater Slavko hat anschließend das Abendprogramm geleitet, weshalb er meistens zum Abendessen zu spät erschien. Als er dann aber kam, hat er immer reichlich gegessen, es sei denn, er hatte einen Fasttag.

Nach dem Abendessen saßen wir Franziskaner zusammen, redeten miteinander, scherzten und gelegentlich sahen wir uns im Fernsehen ein Fußballspiel an. Nach 60 bis 90 Minuten zog sich

Pater Slavko zurück, um zu arbeiten. Das ging teilweise bis tief in die Nacht."[2]

Es wird berichtet, dass Pater Slavko den Sonnenaufgang nicht in seiner Wohnung erlebt hat. Schon vorher führte ihn sein Weg auf einen der beiden Berge hinauf. Es war seine Zeit der Begegnung mit Jesus und der Gospa, in der er sich die Kraft holte, um die Strapazen des Alltags bestehen zu können. Diese Stunden waren für ihn sacrosankt und wehe dem, der ihn dabei auf dem Berg störte, wie Pater Dietrich von Stockhausen weiß:

„*Pater Slavko ging meistens gegen Mitternacht oder erst um 1 Uhr ins Bett. Zwischen 3 oder 4 Uhr stand er wieder auf und begann den neuen Tag. Als erstes stieg er auf einen der beiden Berge. Es war seine persönliche Gebetszeit, seine Zeit mit Jesus und der Muttergottes. Wenn ihn da einer störte, konnte er recht ungehalten und unfreundlich werden: ‚Lassen Sie mir meine zwei Stunden Ruhe, bevor der Tag anfängt. Danach können Sie kommen.' Anschließend ging er gleich zur hl. Messe.*"[3]

Nach seiner morgendlichen Rückkehr begann für Pater Slavko der oben geschilderte Alltag in Medjugorje.

Abb. 107: Pater Slavko in seinem Büro

Was die seelsorgliche Betreuung der Pilgerinnen und Pilger aus aller Welt anbelangt, waren für Pater Slavko seine Fremdsprachenkenntnisse von herausragender Bedeutung. Deutsch und Italienisch lernte er in der Schule bzw. ersteres auch während seiner Studienaufenthalte im deutschsprachigen Raum. Alle anderen Fremdsprachen (Englisch, Französisch, Tschechisch, Polnisch, Portugiesisch und Spanisch) brachte er sich in unterschiedlicher Qualität im Eigenstudium bei, was neben einem sprachlichen Talent gleichzeitig Beleg für seinen Fleiß war. Milona von Habsburg sagt hierzu:

„Er hat immer durch die Jahre hindurch Sprachen gelernt, damit er die Menschen mindestens mit Basiswörtern empfangen kann…“[4]

Pater Slavko trennte zwei Gruppen von Pilgerinnen und Pilger streng, die er auch höchst unterschiedlich behandelte. Da waren zum einen die Menschen, die wirklich seine Hilfe benötigten, und die anderen, die ihm nur seine Zeit mit „Smalltalk“ raubten. Für letztere konnte er sehr abweisend sein. Pater Dietrich von Stockhausen ist dies noch sehr gut im Gedächtnis:

„Pater Slavko hatte einen klaren Blick für die Menschen. Er erkannte sehr genau, wer ihn wirklich brauchte. Wer ihm aber nur seine Zeit stehlen wollte, weil es schön war, mit Pater Slavko zusammen zu sein, den hat er in null Komma nichts abgefertigt und oft auch brüsk stehen lassen. Für diese Unterscheidung hatte er einen genialen Blick, den ich immer bewundert habe.“[5]

Für diejenigen, die ihn aber wirklich brauchten, war er mit ganzem Herzen da, und für sie nahm er sich trotz seiner vielen Termine die Zeit, die notwendig war. Milona von Habsburg berichtet dazu:

„Immer, wenn er vor jemandem stand, gab es nur diesen Menschen, und er stand so da, dass man das Gefühl hatte, er hat immer gesehen, wer alles da war. Ich habe manchmal lange auf ihn

gewartet wegen eines Papiers, einer Unterschrift, weil er immer Menschen begegnet ist, die ganze Zeit…"[6]

Im Umgang mit anderen Menschen stach eine Eigenschaft besonders heraus. Er brachte ihnen stets hohe Wertschätzung entgegen, also auch genau das, was eine der Leitsätze der erlernten Gesprächstherapie nach C. Rogers ausmachte. Pater Slavko konnte gut zuhören und seine Äußerungen waren von einer seltenen Klarheit durchdrungen.

Sylvia Keller aus der Schweiz erzählt von einer Begegnung, die belegt, wie gut und einfühlsam Pater Slavko auch mit Kindern umging:

„Wir hatten in Arlesheim, in der Schweiz, eine Gebetsgruppe für Erwachsene und auch eine Kindergebetsgruppe, die sich wöchentlich traf.

Im Frühjahr 1989, in den Osterferien sind wir mit Mitgliedern der Gebetsgruppe nach Medjugorje gefahren. Dabei waren auch 12 Kinder zwischen 9 und 15 Jahren.

Abb. 108: Pilgergruppe von Sylvia Keller

Für diese mussten wir auch ein Programm haben, das ihnen entspricht. So wünschten sie, dass wir unbedingt eines Abends, das heißt, in der Dunkelheit auf den Erscheinungsberg gehen. Nachmittags gingen wir bei der Kirche vorbei, und da sahen wir zufällig Pater Slavko. Kinder kennen ja keine Hemmungen und sie wussten auch, dass Pater Slavko deutsch spricht. Also sind sie auf ihn zu gerannt und sagten zu ihm: ‚Pater Slavko, Pater Slavko, heute Abend gehen wir auf den Erscheinungsberg. Kommen Sie mit uns?' Er hat sie liebevoll angeschaut und erwiderte: ‚Ach Kinder, ich würde ja gerne, aber ich habe keine Zeit.' Wir sind dann abends mit Taschenlampen auf den Berg gestiegen.

Dort auf dem Erscheinungsberg war zu jener Zeit noch keine Muttergottes-Statue, sondern ein einfaches Metallkreuz. Gemeinsam haben wir gebetet und gesungen. Plötzlich fingen drei Mädchen an zu weinen. Erst als wir wieder unten waren, erzählten sie uns übereinstimmend, was bei ihnen die Tränen ausgelöst hatte. Sie haben unabhängig voneinander neben dem Kreuz die Umrisse einer dunklen, verhüllten Gestalt gesehen, was ihnen sehr Angst gemacht hatte. Auf der anderen Seite dagegen haben sie eine verhüllte, lichte Gestalt wahrgenommen.

Abb. 109: Metallkreuz auf dem Erscheinungsberg

Am nächsten Morgen beschlossen wir, bei Pater Slavko vorbeizugehen, um ihn zu fragen, was das wohl bedeuten soll, ob er vielleicht eine Erklärung dafür hat, was die Jugendlichen erlebt haben. Wir wollten zur deutschsprachigen Messe. Da stand Pater Slavko vor dem Pfarrhaus, als ob er auf uns gewartet hätte. Er sah uns und fragte uns, bevor wir ihn fragen konnten: ‚Was ist geschehen? Es tut mir so leid, dass ich nicht mitgekommen bin, denn ich weiß, Kinder erleben immer etwas.' Wir haben ihm die drei Mädchen vorgestellt, und er hat sie mit sich ins Pfarrhaus genommen. Er nahm sich eine ganze Stunde Zeit, um mit ihnen das Erlebte zu verarbeiten und erklärte ihnen Vieles.

Was wir dann aus den Erzählungen für uns behalten konnten, war folgendes: ‚Im Leben gibt es viel Schönes, aber auch viel Schlechtes und Böses. Die lichte Gestalt verkörpert das Schöne, die dunkle Gestalt das Böse. In der Mitte steht das Kreuz. Dies ist das Wichtigste, daher schaut immer und überall auf das Kreuz, dann seid ihr auf dem sicheren Weg.'"[7]

Jede Minute seines Lebens war im Grunde genommen für die Anliegen Gottes und der Gospa reserviert. Sinnlos Zeit zu vergeuden, war niemals seine Sache. Selbst die Mahlzeiten nahm er oft unter Zeitdruck ein, wie Pater Dietrich von Stockhausen beobachtete:

„Um 8.15 Uhr war dann Frühstück im Pfarrhaus, zu dem er schnell vorbeikam und das er mehr im Stehen als im Sitzen einnahm… Mittagessen war dann gegen 12 Uhr. Pater Slavko kam und verschlang mehr oder weniger sein Mittagessen. Das ging ruckzuck."[8]

Auch seine Schwester weiß von diesem Zeitdruck zu berichten, wenn es um Besuche in der Familie ging:

„Slavko war ruhig, aber Zeit hatte er eigentlich nie. Wir haben zu ihm gesagt, dass er Priester, die ihn besuchten, zum Essen mitbringen solle. Er kam als Letzter und ging als Erster."[9]

An dieser Stelle fragt man sich vielleicht, wie Pater Slavko mit so wenig Schlaf auskommen konnte und ob er damit nicht Raubbau an seiner Gesundheit getrieben hat. Nun gibt es Menschen, die sich tatsächlich auch mit wenig Schlaf fit fühlen. Pater Slavko ließ es zumindest seine Umwelt kaum spüren, wenn er übernächtigt war und ihm beinahe die Augen zufielen. Nervosität war ihm jedenfalls nicht anzumerken, sagt Pater Dietrich von Stockhausen.

In einem Interview vom 20. April 1998 erklärte Pater Slavko zu diesem Thema:

Abb. 110: Pater Slavko an seinem Schreibtisch

„Gott hat mir eine gute Gesundheit geschenkt, und wenn ich zu etwas ‚Ja' sagte, dann gehe ich auch bis zum Ende. Eines habe ich durch all diese Arbeit begriffen, nämlich dass es nicht die Arbeit ist, die den Menschen ermüdet, sondern in Wirklichkeit der Bezug zur Arbeit. Jeder von uns hat sicher schon die Erfahrung gemacht, dass er, wenn er etwas gerne tut, daran Tag und Nacht arbeiten kann, wenn er es aber nicht gerne tut, schnell müde wird und vor dieser Arbeit davonläuft, besonders dann, wenn er sie tun muss. Ich glaube, dass es für uns Priester am wichtigsten ist, dass wir die Menschen liebgewinnen, die zu uns kommen."[10]

Eben für die Priester führte Pater Slavko 1996 das erste internationale Priestertreffen in Medjugorje durch, das dort seither jedes Jahr im Juli stattfindet.

Es ist unbestreitbar, dass auch Pater Slavko Phasen der Erschöpfung durchlebte, aber er ging damit anders um als viele seiner Mitmenschen. Dabei muss auch berücksichtigt werden, dass das Wort „Urlaub“ nicht in seinem Vokabular existierte, jedenfalls nicht für ihn selbst.

Maria Elfriede Lang-Pertl aus Innsbruck berichtet hierzu von einem Erlebnis mit Pater Slavko:

Abb. 111: Maria-Elfriede Lang-Pertl

„Pater Slavko war Tag und Nacht im Einsatz. Fast jeden Abend ging er auch auf den Erscheinungsberg, um in Ruhe bei der Gospa zu verweilen und hat sich dort auch die Kraft für seinen Einsatz geholt. Als er 1996 zu uns nach Innsbruck kam, bestand für mich gerade eine schwierige Zeit. Der Einsatz in der Gemeinschaft verlangte meine ganzen Kräfte. Ich klagte es Pater Slavko und wollte ihm klar machen, dass ich aufgeben möchte. Darauf gestand er mir: ‚Bevor ich heute nach Innsbruck flog, ging ich ganz früh auf den Erscheinungsberg. Ich spürte, ich kann nicht mehr. Ich sagte zu Gott: Lieber Gott, ich kann nicht mehr. Ich bin am Ende meiner Kraft. Ich habe keine Liebe mehr, ich habe nichts mehr in mir. Ich ging über den steinigen Boden hinauf. Droben bei der Muttergottesstatue habe ich innig gebetet, aber es kam kein Licht. Ich ging zurück den steinigen Weg hinunter, und plötzlich brannte mitten auf den Steinen ein Feuer, das vorher nicht da war. Ich kniete mich hin, um herauszufinden, warum

das Feuer brannte. Es war kein Holz, kein Papier, es war nichts da, was es hätte entzünden können. Es war also nur der Stein, der brannte. Und da wusste ich, dass Gott auch mein Herz wieder in Brand setzen und es zum Leuchten bringen konnte. Nach dieser Erfahrung ging es mir wieder gut, das Licht war wieder da. Merke Dir, Maria-Elfriede, Gott greift immer wieder ein.'"[11]

Pater Slavko lebte im Hier und Heute. Milona von Habsburg blieb dazu ein Zitat im Gedächtnis haften:

„Wir sind Meister, indem wir die Vergangenheit bereuen, Angst haben vor der Zukunft, aber wir müssen jetzt leben, wir können den jetzigen Moment verpassen, wenn wir nicht jetzt leben."[12]

Pater Slavko begehrte dagegen auf, in den Mittelpunkt gestellt zu werden. Er wollte einfach nur Seelsorger für andere sein, denn er hatte begriffen, dass wir keine Energie darauf verschwenden sollten, vor der Welt gut und hochgeachtet dazustehen. Vielmehr kommt es darauf an, im Himmel in hohem Ansehen zu stehen. So gab es denn viele Erlebnisse mit ihm, aus denen ablesbar ist, wie sehr Pater Slavko Lob und Beweihräucherung seiner Person ablehnte. Das nahm auch Milona von Habsburg oft an ihm wahr:

„Er ließ sich nicht schmeicheln, das hat er nicht ausgehalten, und er wollte auch nicht ein Star sein, das hat er nicht vertragen."[13]

Angelika Lang aus Innsbruck durfte diese Erfahrung ebenso machen:

„Das hohe Ansehen von Pater Slavko war für ihn auch in gewisser Weise gefährlich, denn unbewusst oder bewusst wurde er dadurch auf ein Podest gestellt, und genau das wollte er unter keinen Umständen. Er hat sich auch extrem dagegen aufgelehnt, denn zu keinem Zeitpunkt wollte er irgendwie ‚angehimmelt' werden. Das war ihm so zuwider, dass er manchmal richtig impulsiv und abwehrend wurde. Er brauchte also auch einen gewissen Abstand,

wahrscheinlich als Schutzmauer. Er war einfach Seelsorger. Das hat ihn ausgezeichnet.“[14]

Abb. 112: Angelika Lang im Gespräch mit Pater Slavko

Umgekehrt war seine Demut bewundernswert. Pater Slavko befand sich ständig auf einem Weg der Umkehr, um dem Ebenbild Gottes immer stärker zu entsprechen. Seine Demut lässt sich so zusammenfassen, wie er es einmal selbst formulierte:

„Man muss es riskieren. Man muss immer Gott größer sein lassen als sich selbst.“[15]

Hervorzuheben ist die Tatsache, dass es bei Pater Slavko keine Divergenz von Predigt und eigenem Leben gab. Das, was er von anderen erwartete oder gar verlangte, lebte er selbst vor. Er wollte Diener seiner „Schafe“ sein. Für Milona von Habsburg ist jedenfalls eines klar:

„Das, was bei ihm so schön war, ist, dass er immer sich selber war, und er hat immer alle willkommen geheißen. Er hat gesagt: ‚Die Menschen kommen nicht hierher, weil das Land so schön ist, weil die Leute so nett sind, sondern sie kommen hierher, weil Maria sie ruft, weil Gott sie ruft. Und das hat er gesehen, dass das sein Dienst war… Er hat immer gesagt: ‚Ich habe keine Erfahrungen selber gemacht, aber ich merke an den Erfahrungen der Menschen, was Medjugorje eigentlich ist und was Medjugor-

je bedeutet.' Er hat mir wirklich gezeigt, was ein Diener ist, was ein Pastor ist, ein Hirte…, der sich um die Schafe kümmert. Und wenn der Hl. Vater sagt, die Hirten sollen den Duft der Schafe annehmen, dann war es Slavko, er hatte immer den Geruch der Schafe an sich, weil er sagte, die Menschen sind diejenigen, denen wir dienen müssen…"[16]

Viele reden heute vom Umweltschutz, tragen aber durch ihr eigenes Verhalten zuweilen recht wenig dazu bei. Pater Slavko war auch hier Vorbild, wie Dr. Maximilian Domej aus Wien erzählt:

„Eines fiel mir bei Pater Slavko auf, wenn wir mit ihm auf den Kreuzberg stiegen. Er hatte immer einen leeren Plastiksack bei sich. Er sammelte darin leere Plastik- und Glasflaschen, Papier und anderen Müll, den die Leute achtlos wegwarfen. Darauf angesprochen, erklärte er, dass der Kreuzberg ein heiliger Berg sei und die Menschen lernen müssen, Sachen nicht einfach nur wegzuwerfen, unabhängig davon, dass es durch die starke Sonneneinstrahlung auch zu Bränden kommen könne."[17]

Abb. 113: Pater Slavko sammelte immer den Müll ein, den die Pilger hinterließen

Eine herausragende Eigenschaft war bei Pater Slavko die Innovationsfreude. Viele neue Projekte, von denen in diesem Buch die Rede ist, entstanden in seinem Kopf. Von der Vision bis zur praktischen Umsetzung dauerte es meist nicht lange. Dabei baute er nicht zuletzt auf die Vorsehung mit einem fast schon „unverschämten" Gottvertrauen. Seine Mitarbeiterin Milona von Habsburg erlebte dies immer wieder:

„Er hatte nie diese Angst, etwas Neues anzufangen, aus Liebe zu den Menschen, aus Liebe zu Gott… Er hatte nie Angst, Fehler zu machen. Er hat gesagt: ‚Nur jemand, der nie aufsteht und geht, wird nie fallen. Das Wichtigste ist, zu gehen, nicht sitzen zu bleiben aus Angst, zu fallen. Fallen ist nicht schlimm, weil aufstehen kann man.' Er hat immer beigebracht, wie man aufstehen kann. Er hatte keine Angst vor den Schwächen der Menschen, er war versöhnt mit der Tatsache, dass die Menschen Sünden begehen, dass die Menschen schwach sind. Er sagte: ‚Schau, was ist möglich? Geh, geh beten, einfach weitergehen.' Er hatte ein ganz tiefes Vertrauen in Gott, ein ganz tiefes. Aus seinem Glauben heraus hat er die Menschen immer neu und immer mehr geführt…"[18]

Es gab durchaus zahlreiche Menschen, die Pater Slavko als sehr streng wahrnahmen. Das konnte er in der Sache auch sein, aber wer ihn näher kannte, der registrierte auch durchaus die andere Seite von Pater Slavkos Wesen, so beispielsweise Milona von Habsburg:

„Manche erlebten ihn vor allem als streng, aber wenn man ihn kannte, war er nicht streng. Er war nüchtern, und er war sehr intelligent. Er war nüchtern, hatte aber ein ganz reines gutes Herz und das hat er den Menschen geschenkt, ohne über sich zu sprechen. Aber alle bekamen die Früchte von seinem Weg."[19]

17 Krieg in Jugoslawien

Es wird Zeit, ein Kapitel über den Krieg in Jugoslawien einzuschieben, denn manches wird nur verständlich, wenn auch die Zusammenhänge Erwähnung finden. Es ist nicht ganz einfach, den komplexen und umfangreichen Verlauf der gewaltsamen Auseinandersetzungen darzustellen. Von daher kann dieses Kapitel nie den Anspruch auf absolute Vollständigkeit erheben, sondern immer nur eine summarische Zusammenfassung der Ereignisse darstellen.

Mit dem Tod Titos im Mai 1980 verlor Jugoslawien den Mann, der es als Integrationsfigur – allerdings mit eiserner Hand und unter Verletzung der Menschenrechte – schaffte, den Vielvölkerstaat zusammenzuhalten. Jugoslawien bestand aus sechs Teilrepubliken: Kroatien, Serbien, Slowenien, Mazedonien und Montenegro sowie Bosnien-Herzegowina mit seinen autonomen Provinzen Vojvodina und Kosovo.

Schon in den 1970er Jahren zeichnete sich eine Wirtschaftskrise ab, die sich im Laufe der Jahre deutlich verschärfte. Die Arbeitslosigkeit nahm zu und die Bevölkerung verarmte zunehmend. Die Schulden bei ausländischen Gläubigern erreichten 1981 die schwindelerregende Höhe von 21 Milliarden US-Dollar.[1]

Hinzu kam, dass die nordwestlichen und nördlichen Gebiete ungleich wohlhabender waren als die südlichen und daher namentlich zum Leidwesen von Slowenen und Kroaten auf Ausgleichszahlungen angewiesen waren. Dies führte ebenfalls zu Spannungen.

Daneben begannen alte Konflikte zwischen den einzelnen ethnischen Gruppen wieder aufzuflammen.

Unruhen sollten zur Tagesordnung werden. Einen ersten bitteren Vorgeschmack auf den kommenden Krieg bildeten die Auseinandersetzungen im ärmsten Teil Jugoslawiens, dem Kosovo. Im Mai 1981 gingen zunächst Studenten auf die Straße, die aus sozialen Gründen demonstrierten. Das Kosovo hatte bis dahin nur den Status einer autonomen Provinz der serbischen Teilrepublik. Als zu den sozialen Forderungen auch noch der Ruf nach einem eigenen Staat Kosovo laut wurde, und sich die Demonstrationen auszuweiten begannen, ging Belgrad mit Waffengewalt gegen die Demonstranten vor.

1987 wurde der serbische Präsident Ivan Stambolić von einem Mann gestürzt, der noch viel Unheil anrichten sollte: Slobodan Milošević.

Ende der 1980er Jahre kam es im Kosovo erneut zu Unruhen, nachdem Serbien die Rechte ihrer autonomen Provinz beschnitten hatte. Auch diese Unruhen wurden blutig niedergeschlagen.

In den folgenden Jahren entwickelte sich die „serbische Frage" in Bezug auf das Zusammenleben der verschiedenen Gruppierungen zum größten politischen Problem. Serbien war die größte Teilrepublik von Jugoslawien, aber nur knapp 60 % der Serben lebten dort. Der Rest hielt sich in Kroatien (6,5 %), in Bosnien-Herzegowina (16,2 %), in der Wojwodina (13,6 %) und im Kosovo (2,6 %) auf.[2]

Immer mehr traten bei einzelnen Teilrepubliken Unabhängigkeitsbestrebungen zu Tage. Im April 1990 gab es in Slowenien die ersten freien Parlaments- und Präsidentschaftswahlen. Im Dezember stimmten bei einem Referendum 88 % der abgegebenen Stimmen für einen eigenen slowenischen Staat. Nur ein halbes Jahr später erfolgte die Austrittserklärung aus dem jugoslawischen Staatenverbund. Am 26. Juni 1991, ging die jugoslawische Volksarmee gewaltsam gegen Slowenien vor. Nach zehn Tagen kam es zum Waffenstillstand. Der jugoslawischen Volksarmee war es nicht gelungen, die slowenische Unabhängigkeit zu verhindern. Slowenien war als eigener Staat geboren.

War der Tag des Kriegsbeginns in Jugoslawien ein Zufallsdatum? Es ist schon sehr auffällig, dass die Gospa am 26. Juni 1981, also auf den Tag genau zehn Jahre zuvor, mit eindringlichen Worten vom Frieden sprach (vgl. Kapitel 11, Freitag, den 26. Juni 1981).

Pater Slavko war zutiefst davon überzeugt, dass hier von keinem Zufall gesprochen werden konnte, sondern eindeutig ein Zusammenhang vorlag:

„Das ist für mich ein prophetisches Wort, zehn Jahre nach der Botschaft vom Frieden und Gebet und Fasten, mit denen man auch Krieg abwenden kann, die uns am 26. Juni 1981 geschenkt worden ist. Damals konnte keiner von uns hier an Krieg denken. Es war eine ganz harte, starke, gut getroffene kommunistische Struktur, also da gab es eigentlich keine Löcher.“[3]

Der zweite in der Riege der Abtrünnigen war Kroatien. Nach Wahlen entfielen bei einem Referendum 94,7 % der Stimmen für einen eigenständigen kroatischen Staat. Gegner dieses Referendums waren die in Kroatien lebenden Serben, die der Abstimmung fernblieben. Wie Slowenien verkündete auch Kroatien am 25. Juni 1991 seine Unabhängigkeit. Die Reaktion der serbischen Minderheit in Kroatien blieb indes nicht aus. Die meisten Serben in Kroatien lebten in der Gegend von Knin. Die sich zur ethnischen Minderheit degradiert fühlenden Serben riefen dort die „Autonome Region Serbische Krajina“ aus. In der Folge kam es 1991 zum sogenannten „Kroatenkrieg“. Die kroatische Armee stand der jugoslawischen Volksarmee, den serbischen paramilitärischen Einheiten und der Serbischen Freiwilligengarde gegenüber. Dieser blutige Krieg sollte bis 1995 dauern.

Kriegsverbrechen blieben nicht aus. Bekannt ist vor allem das Massaker von Škabrnja, bei dem 85 kroatische Zivilisten durch die jugoslawische Volksarmee und serbische Freischärlerverbände brutal ermordet wurden. Milan Babic und Milan Martic wurden dafür vom Kriegsverbrechertribunal ICTY in Den Haag verurteilt. Letzterer erhängte sich 2006 in seiner Zelle.

Abb. 114: Mahnmal für die Opfer in Škabrnja

Der wohl schlimmste Krieg in Jugoslawien folgte aber 1992 in Bosnien und Herzegowina. Wenn wir nach den Entstehungsgründen dieses Krieges fragen, ist die Feststellung wichtig, dass in Bosnien und Herzegowina drei unterschiedliche ethnische Gruppen beheimatet waren, die in teilweise diametralem Widerspruch zueinanderstehende Interessen verfolgten. Da waren die muslimischen Bosniaken als größte Bevölkerungsgruppe, die einen eigenen Staat gründen wollten. Die christlich-orthodoxen Serben mit rund einem Drittel der Bevölkerung plädierten für einen Verbleib in Jugoslawien und einen Verbund mit Serbien. Schließlich befanden sich im Westen der Herzegowina die dort lebenden Kroaten, die sich für den Anschluss an einen kroatischen Staat aussprachen.

Die Serben riefen am 9. Januar 1992 die Serbische Republik Bosnien-Herzegowina aus. Am 1. März stimmten 99,4 % für die Unabhängigkeit, wobei sich aber fast nur Bosniaken an der Abstimmung beteiligten. So kam es, dass zwei Tage später die

Unabhängigkeitserklärung von Bosnien-Herzegowina ausgerufen wurde. Ein bewaffneter Konflikt war in der Folge nicht mehr zu verhindern.

Sarajevo wurde als Hauptstadt in der Nacht vom 4. auf den 5. April 1992 von den Serben eingekesselt.

Abb. 115: Kriegsschäden in Innenstadt von Grbavica, einem Viertel in Sarajevo

Nun stand auch der Krieg vor der Haustür von Medjugorje. In den Anfangszeiten kam der Pilgerstrom fast zum Erliegen. Hubert Liebherr weiß davon zu berichten:

Abb. 116: Hubert Liebherr

„1992 fuhren Axel Weidinger [Freund von Hubert Liebherr] und ich nach Medjugorje. Es war die Zeit, als die Familien aus Medjugorje ans Meer flüchteten, weil sich die Front direkt hinter der Grenze der Pfarrei befand und man die Befürchtung hatte, dass die Armee nach Medjugorje kommen würde. Als wir ankamen, war Medjugorje eine Geisterstadt, wie wir sie aus Hollywood-Filmen in Erinnerung hatten. Alle Fenster waren mit Brettern vernagelt und die Fenster der Kirche geschlossen. Die hl. Messe fand im Keller des Pfarrhauses statt. Alles sah in Medjugorje verwahrlost aus."[4]

Während des gesamten Krieges kam es in Medjugorje zu keinen Zerstörungen durch Bomben, aber die sonstigen Kriegseinwirkungen waren dort durchaus zu spüren.

Schon zu Beginn des Krieges in Bosnien-Herzegowina entstand eine Friedensinitiative der ganz anderen Art, der sogenannte „Friedensmarsch". Hubert Liebherr rief ihn zusammen mit Pater Slavko ins Leben:

„Von Europa waren die Menschen in der Herzegowina furchtbar enttäuscht, denn es sah lange Zeit tatenlos zu. Die jugoslawische Armee war den zusammengestellten Truppen aus der Gegend von Medjugorje um ein Vielfaches überlegen. Davon konnten wir uns selbst ein Bild machen. Es war wie ein Kampf zwischen David und Goliat.

Unsere einzige Waffe war im Grunde genommen der Rosenkranz. Wir wollten den Menschen helfen, aber wie? Es kam die Idee eines Friedensmarsches vom Kloster Humac nach Medjugorje auf. Das war eine ganz prekäre und gefährliche Sache, denn der Marsch führte mitten durch Kriegsgebiet. Es waren viele, die sagten: ‚Ja, spinnt Ihr? Du bringst doch nur die Leute in Gefahr.' Im Grunde genommen hatten sie natürlich recht, denn es wäre ein großer Irrtum gewesen, anzunehmen, dass uns nichts passiert, nur weil wir Rosenkranz beten. Zu meinen, wir sind fromm und uns passiert nichts, ist ein unzulässiges Vertrauen.

Wir haben daraufhin viele Medjugorje-Zentren auf der ganzen Welt angeschrieben, dass wir uns in Ancona in Italien treffen, um mit der Fähre nach Split zu fahren. Von dort aus sollte es mit dem Bus zum Kloster Humac gehen, um schließlich den Marsch nach Medjugorje anzutreten. Die militärische Lage musste intensiv beobachtet werden, und wir sagten, dass je nach Situation und Gefährlichkeit in Ancona die endgültige Entscheidung falle, ob wir es wagen können oder nicht. So konnte ich die Aktion gegenüber den anderen auch mit meinem Gewissen vereinbaren.

In Ancona kam dann am nächsten Morgen Father John, ein australischer Priester mit über zwei Meter Körperlänge, auf mich zu und erklärte, dass er in der Nacht geträumt habe, dass es eine eucharistische Prozession nach Medjugorje würde. Ich verneinte dies, weil Laien so etwas nicht selbst machen dürften und hierzu auch die Genehmigung des Bischofs notwendig sei.

Gott sei Dank veränderte sich die militärische Lage so, dass Medjugorje am 24. Juni 1992 nicht mehr im Bereich der Artillerie lag, und so konnten wir das Unternehmen wagen. Wir charterten eine Fähre nach Split. Zwischen 200 und 250 Menschen nahmen teil und zwar aus verschiedenen Kontinenten und Nationen. Viele hatten ihre Landesfahne dabei. Auf der Fähre feierten wir noch die hl. Messe, bei der konsekrierte Hostien übriggeblieben waren. Pfarrer Mühlbauer aus Bayern hatte einen Kelch dabei und in diesen legte er die Hostien.

Was ich nach über 30 Jahren erst erfuhr, war die Tatsache, dass Pater Slavko zu dieser Zeit bereits beim Bischof um die Genehmigung einer eucharistischen Prozession nachgesucht hatte, die er auch erhielt.

In Split empfing uns der Bischof und auch Pater Slavko war dabei. Bei der Pressekonferenz sagte der Vertreter der Stadt Split: ‚Ihr seid das lebendige Zeugnis von Medjugorje, weil Ihr Euch traut, in dieser Zeit zu uns zu kommen.' Wir fuhren schließlich mit dem Bus zum Kloster Humac.

Von dort aus gingen wir gegen 14 Uhr zu Fuß singend und betend nach Medjugorje. An diesem Tag stieg das Thermometer auf über 40°C. Vor uns her wurde der Kelch mit den Hostien getragen, so dass wir tatsächlich eine eucharistische Prozession erlebten. Wir hatten bei der Ankunft in Medjugorje tatsächlich das Gefühl, dass wir mit den Mitteln, die uns zur Verfügung standen, wirklich etwas gegen diesen grausamen Krieg unternommen hatten.

Der Friedensmarsch wurde jedes Jahr zum 24. Juni wiederholt. Ab 1993 übernahm die Pfarrei in Medjugorje selbst die Organisation. Er ist mittlerweile über den Krieg in der Herzegowina hinaus zu einer festen Tradition im liturgischen Kalender von Medjugorje geworden."[5]

Pater Slavko nahm an allen Friedensmärschen teil.

Abb. 117: Pater Slavko bei einem der Friedensmärsche

Von Medjugorje aus wurden viele humanitären Hilfsaktionen veranlasst. Ermöglicht wurden sie durch die Kontakte, die Medjugorje in die ganze Welt hatte. Pater Slavko brachte auch hier sein ganzes Engagement ein. Dazu die Pilgerleiterin Vikica Dodig:

„Typisch für Pater Skavko war, dass er in Notsituationen wie beispielsweise im Krieg mit vielen Leuten in der Welt sprach, die er kannte, immer in der Überzeugung, dass irgendjemand unter ihnen helfen kann und wird. Ich kann mich noch gut erinnern, dass ich 1992 einen Unfall hatte und in Deutschland im Krankenhaus lag. Anschließend musste ich noch in die Reha. Plötzlich bekam ich, als in der Herzegowina bereits Krieg war, von Pater Slavko ein Fax, auf dem nur stand: ‚Ich danke Dir. Tu, was Du kannst!'. Angehängt war eine Liste mit Medikamenten und anderen Dingen, die unten in Medjugorje für die kriegsleidende Bevölkerung dringend benötigt wurden. Ich erinnerte mich an seine Worte ‚Wenn Ihr Euch Christen nennt, dann benehmt Euch auch wie Christen…', so dass ich ihn gut verstehen konnte. Er brauchte diese Hilfe jetzt und nicht erst in drei Monaten. Als Christen dürfen wir in solchen Situationen nicht wegsehen.

Medjugorje wurde während des Krieges fast zu einem Hilfezentrum für Notleidende, denn durch seinen Bekanntheitsgrad gab es in der Welt viele Menschen, die zur Hilfe bereit waren. Pater Slavko legte selbst Hand an, wenn Lastwagen mit Hilfsgütern ausgeladen werden mussten."[6]

Abb. 118: Pater Slavko bei der Entladung eines Hilfstransportes

Medjugorje Deutschland e.V. und die Gebetsaktion Medjugorje in Wien sorgten immer wieder für Hilfstransporte, ebenso halfen auch viele Privatpersonen. Einer stach dabei besonders heraus, der inzwischen verstorbene Franz Gollowitsch, der in Markt Hartmannsdorf in Österreich ein Reiseunternehmen betrieb. Seinem Sohn, Franz Josef Gollowitsch, sind die Erinnerungen daran sehr lebendig geblieben:

„Mein Vater kannte Pater Slavko schon seit dem Beginn des Krieges in der Herzegowina. Mein Vater unternahm in dieser Zeit jedes Jahr ca. zwölf Hilfstransporte nach Medjugorje. Es war klar, dass die Bevölkerung sehr unter den Kriegswirren litt. Benötigt wurden vor allem Lebensmittel, die wir zu Hause sammelten, und die wir dann nach Medjugorje transportierten, aber Pater Slavko und auch andere Gruppierungen trugen an meinen Vater daneben immer wieder andere Wünsche heran.

So brauchten Schulen dringend Papier. Also erbettelten wir von einer Fabrik einige Paletten Papier und fuhren sie nach Medjugorje. Einmal sagte Pater Slavko: ‚Franz, ich brauche Pullover für meine Jugendlichen, da sie frieren.‘ Wir besorgten Kleidung und Pater Slavko bekam sie. Dann wurden beispielsweise Medikamente für das Kinderspital in Mostar gebraucht und auch die haben wir organisiert.

Es war natürlich jedes Mal gefährlich, solche Hilfstransporte mit unseren Bussen mitten durch die Kriegsgebiete durchzuführen. Meine Mutter hatte um ihren Mann und mich große Sorgen und war immer heilfroh, als wir wieder wohlbehalten zu Hause in Österreich ankamen. Ich weiß noch, dass mein Vater von einem Grenzsoldaten während des Krieges angehalten wurde. Der Soldat fragte ihn, ob er Waffen dabeihabe. Mein Vater bejahte dies, griff in das Handschuhfach, holte einen Rosenkranz daraus hervor und sagte zu dem Soldaten: ‚Das ist meine Waffe‘. Der Grenzsoldat winkte ihn durch, und so konnte er nach Medjugorje weiterfahren.“[7]

Interessant ist auch der Bericht von Angelika Lang aus Innsbruck, der anschaulich zeigt, dass die Menschen während des Krieges enorme Angst hatten, aber in Pater Slavko eine Art Fels und Ruhepol sahen:

„Ich erinnere mich an eine Situation während des Krieges. Wir waren in der Kirche, die hauptsächlich von Einheimischen frequentiert wurde, da in den Kriegszeiten deutlich weniger Pilger aus dem Ausland in Medjugorje waren. Es wurde gebetet und plötzlich kam Pater Slavko vorne bei der Sakristei herein. Man spürte so richtig, wie es still wurde, und die Menschen begannen, aufzuatmen, so wie wenn sie sagen würden: ‚So, jetzt ist er da, jetzt ist alles gut.' Berücksichtigt werden muss dabei die Extremsituation, in der sich die Menschen befanden, als die Scheiben in der Kirche zitterten. Pater Slavko war immer da und hat auch nie Angst gezeigt. Angst schien ihm ein Fremdwort zu sein."[8]

Dieses Kapitel wäre unvollständig, wenn nicht auch das Massaker von Srebrenica zur Sprache käme. Es gilt als das schwerste Kriegsverbrechen in Europa nach dem Zweiten Weltkrieg. Bei diesem Massaker wurden über 8.000 Bosniaken, in erster Linie Männer und Jungen im Alter zwischen 13 und 78 Jahren, von der Armee der Republika Srpska, der Polizei und serbischen Paramilitärs brutal ermordet. Die Opfer wurden in Massengräbern verscharrt.

Abb. 119: Beisetzung von 505 identifizieren Opfern des Massakers von Srebrenica (2006)

Der Krieg brachte viel Leid. Erst 1995 kam es mit dem Abkommen von Dayton zum Friedensschluss. Die Folgen des Krieges sollten Pater Slavko noch viele Jahre beschäftigen.

Abb. 120: Unterzeichnung des Abkommens von Dayton am 14. Dezember 1995 in Paris

18 Das Mutterdorf

„Was ihr für einen meiner geringsten Brüder oder für eine meiner geringsten Schwestern getan habt, das habt ihr für mich getan… Amen, ich sage euch: Was ihr für einen dieser Geringsten nicht getan habt, das habt ihr auch mir nicht getan." (Mt 25,40+45)

Diese Worte hat Jesus nicht einfach als unverbindlichen Leitsatz formuliert, sondern wenn wir einmal vor seinem Angesicht stehen und sich für uns eine Ewigkeit entscheidet, wird genau dieser Satz eine ganz zentrale Rolle spielen. Es genügt keinesfalls, nur über Barmherzigkeit zu sprechen, sondern sie muss sich in konkreten Taten manifestieren.

Pater Slavko war sich der Tragweite des obigen Bibelzitates und der daraus resultierenden Verantwortung des Einzelnen völlig bewusst. In diesem Licht sah er auch die Friedensbotschaft der Gospa:

„Für uns ist das eigentlich eine konkrete Antwort auf die Botschaft vom Frieden. Natürlich, Maria ruft uns auf, für den Frieden zu beten und zu fasten und das soll man auch tun. Aber wenn man für den Frieden etwas tun will, dann darf es absolut nicht nur beim Beten und Fasten bleiben, sondern es muss in die Aktion hineingehen. Der Mensch, der dem Frieden dienen will, muss absolut aufpassen, dass er so gerecht ist, dass er sich um die Menschen annimmt, besonders um die Kranken, Verlassenen, Verwundeten, um die Armen. Sonst gibt es den Frieden nicht."[1]

Zusammenfassen ließe sich diese Maxime mit den sogenannten sieben leiblichen und geistigen Werken der Barmherzigkeit.

Abb. 121: Die sieben leiblichen und geistigen Werke der Barmherzigkeit. Darstellung im Franziskusgarten des Franziskanerklösterle in Wangen im Allgäu (Künstler: Edgar Rohmert, Wangen im Allgäu).

Der grausame und erbarmungslose Krieg hinterließ viele Waisen und Halbwaisen. Pater Slavko registrierte diese Tatsache mit großer Sorge.

Es war im Frühjahr 1993, als der Gedanke aufkam, gerade diesen Kindern ein neues Zuhause zu geben. So wurde dafür ein Haus von Irma Schwitter angemietet, wie sie schildert:

Abb. 122: Irma Schwitter (2023)

„Mein Mann war Architekt und Schweizer. Ich selbst stamme aus Hamburg. Mit der Eheschließung habe ich die schweizerische Staatsangehörigkeit angenommen.

Wir betrieben in Medjugorje eine Pension, die wir selbst gebaut… haben. Als der Krieg begann, mussten wir als Ausländer das Land verlassen, und unsere Pension konnten wir natürlich nicht mehr weiterführen.

Im August 1993 verstarb mein Mann in Deutschland. Ich durfte nach seinem Tod wieder nach Medjugorje zurückkehren. Pater Slavko war während dieser Zeit in meiner tiefen Trauer mein eigentlicher Ansprechpartner, weil ich auch nicht so recht wusste, wie es weitergehen sollte. Er sagte zu mir: ‚Mädel, mach Dir keine Gedanken. Ich finde etwas für Dich.'

Aus dieser Situation heraus entstand bei uns beiden die Idee, unsere leerstehende Pension für kriegsgeschädigte Kinder und Frauen zur Verfügung zu stellen. Und so starteten wir im Dezember 1993 mit dem Betrieb.

Abb. 123: Die Pension von Irma Schwitter, die Pater Slavko anmietete

Aufgenommen wurden Kinder und Frauen, deren Vater bzw. Ehemann an der Front war oder in den Kampfhandlungen ums Leben kam sowie Kinder, die im Krieg sogar beide Elternteile verloren hatten. Insgesamt beherbergten wir in der Anfangszeit 24 Kinder und 12 Frauen. Die Konfession spielte dabei überhaupt keine Rolle. Pater Slavko musste eine geringe Miete und die Bewirtschaftungskosten übernehmen. Er wurde damals quasi mein Chef, weil ich die Logistik für den Betrieb der Einrichtung, der Pater Slavko den Namen ‚Haus Nazareth' gab, übernommen habe. Die Kinderbetreuung erfolgte durch Ordensschwestern.

Abb. 124: Kriegsgeschädigte Kinder im Haus von Irma Schwitter

Pater Slavko erlebte ich in dieser Zeit als unglaublich menschlichen und feinfühligen Priester. Ich konnte ihn alles fragen, allerdings hatte er meist so wenig Zeit, so dass ich ihm Fragen stellen musste, die mit Ja oder Nein beantwortet werden konnten. Mit den Kindern ging er sehr behutsam und väterlich um, denn er wusste, dass fast alle traumatisiert waren."[2]

Die Anfänge dieser caritativen Tätigkeit waren freilich noch bescheiden, aber dabei sollte es nicht bleiben, denn das Haus wurde allmählich zu klein. Dazu Vikica Dodig:

„Als das ‚Haus Nazareth' aus allen Nähten platzte, spürte Pater Slavko immer mehr, dass es nicht ausreicht, den Kindern ein Dach über dem Kopf zu geben. Viele davon waren hochgradig traumatisiert. Er wollte möglichst ein ‚normales' Leben bieten. So machte sich Pater Slavko viele Gedanken darüber, wie er das bewerkstelligen könnte. Erst dachte er dabei an ‚Pestalozzi-Kinderdörfer', aber sie waren nicht realisierbar. Er sagte: ‚Ich allein kann das nicht, aber wenn viele, dann können wir gemeinsam.'"[3]

Pater Slavko hatte seine eigenen Vorstellungen von der Weiterführung dieses Projektes. Es entstand nun die Idee für das Mutterdorf. Die Vorsehung sollte dabei wieder einmal eine große Rolle spielen, wie Vikica Dodig äußert:

„Bei allem, was er neu begann, hat Pater Slavko erst gebetet. Er wollte vom Himmel immer zwei Zeichen haben, ob das geplante Vorhaben wirklich dem Willen Gottes entspricht. Das erste Zeichen musste geistiger Natur sein und das zweite ein praktischer Beweis. So war es auch beim Bau des Mutterdorfes. Er sagte sich, dass er ein Franziskaner ohne Geld sei, und er fragte sich, wie das überhaupt funktionieren solle, ein solches Projekt in Angriff zu nehmen."[4]

Auf welche Weise die Vorsehung eingriff, schilderte Marko Soldo, der Ehemann der Seherin Mirjana:

„Ich erinnere mich, was uns Pater Slavko erzählt hat, als er die Idee für das Mutterdorf hatte. Er war auf den Erscheinungsberg gegangen und bei der zweiten Station, da wo Maria Elisabeth besucht, ist jemand auf ihn zugekommen. Der Fremde hat ihm

einen Scheck in die Hand gedrückt und gesagt, das sei für die Verwirklichung des Mutterdorfprojektes, von dem er gehört hätte und das er unterstützen wollte. Pater Slavko hat ihm gedankt und geantwortet, das Geld sei trotzdem weniger wichtig wie das, was der Mann ihm eben gesagt hätte.“[5]

Dieser Scheck war ein schöner Grundstock für den Bau des Mutterdorfes. Vikica Dodig ist sich ziemlich sicher, dass er auf 100.000 Schweizer Franken ausgestellt gewesen ist. Was aber entscheidend war: Pater Slavko hatte sein himmlisches Zeichen! Mit der Bezeichnung Mutterdorf sollte zum Ausdruck gebracht werden, dass es eigentlich das Dorf der Gospa ist und unter ihrem Schutz steht.

Pater Slavko hatte einen Scheck mit einem hohen Betrag erhalten, und die Gemeinde Čitluk gab ihm das notwendige Baugrundstück, aber das allein reichte nicht. Um das Projekt in Angriff zu nehmen, mussten natürlich noch mehr finanzielle Mittel beschafft werden. Als „Geburtshelfer“ stand Pater Slavko u.a. ein Mäzen aus der Schweiz, Mauro Harsch, zur Verfügung, ein Konzertpianist, der sein Klavierstudium in Venedig absolvierte. Am 19. Februar 1985 besuchte er zusammen mit einer bekannten Sängerin erstmals Medjugorje:

„Im Sommer 1984 verbrachte ich meinen Urlaub in einem kleinen Ort in den Schweizer Alpen… Damals war ich ein lauer Christ und ich begann sogar an der Kirche zu zweifeln. Ich hatte etwas gesucht, was ich nicht finden konnte, etwas, was meinem Leben einen tieferen Wert verleihen könnte… Lange Zeit beschäftigte ich mich mit transzendentaler Meditation und mit Philosophie, aber die Genugtuung, die ich darin fand, zeigte sich bald als illusorisch.

Abb. 125: Mauro Harsch

Bei der Lektüre einer italienischen Zeitschrift stieß ich auf eine eigenartige Überschrift: ‚Die Gottesmutter erscheint…. Sechs Kinder bestätigen, täglich eine geheimnisvolle Frau zu sehen, die Botschaften zum Frieden, zur Liebe und zur Versöhnung gibt…. Tausende Bekehrungen, Heilungen… Ich konnte nicht glauben, dass eine ernstzunehmende Zeitschrift in unserer heutigen Zeit einen solchen Text veröffentlichen kann.

Einige Tage später hatte ich einen merkwürdigen Traum, dessen Bedeutung ich nicht verstehen konnte: Über einem Berge erschien ein herrlicher Regenbogen, dessen Helligkeit in mir ein echt seliges Gefühl erweckte. Dieses Bild verschwand plötzlich und eine Kraft warf mich auf die Knie, was mir starke körperliche Schmerzen verursachte. Als ich erwachte, fragte ich mich: Woher dieser Schmerz, denn es war ja nur ein Traum? Zu meiner großen Verwunderung empfand ich in den Knien Schmerzen, obwohl ich überhaupt nicht hingefallen war. Das alles war das erste von mehreren Zeichen, die mich nach und nach zur Überzeugung brachten, dass Gott im rechten Augenblick das Herz des Menschen berühren kann und ihm gleichzeitig die Freiheit belässt, Ihm nachzufolgen oder nicht.

Von diesem Tag an dachte ich immer öfters an diese sechs Jugendlichen und hatte den Wunsch, in dieses ferne Dorf in der Herzegowina zu reisen… Am 19. Februar 1985 kam ich mit einer bekannten Sängerin nach Medjugorje…

Nach vielen Jahren, in denen ich es beharrlich abgelehnt hatte, mich vor dem Tabernakel niederzuknien, fiel ich auf meine Knie…. Plötzlich spürte ich eine mächtige Freude in mir, die ich bis heute mit Worten nicht beschreiben kann. Ich erinnerte mich an meinen Traum… Ich überließ mich dem Gebet der ‚Gegrüßt seist du Maria‘ und der Melodie der Lieder… alles war wie eine Quelle voll reinen Wassers. Das Gebetsprogramm war in Kroatisch, es dauerte volle zwei Stunden, aber ich bemerkte nicht, wie die Zeit verging. Es war mir, als wäre sie stehengeblieben. Das war der Beginn meiner Bekehrung. Ich begriff, dass gerade in diesem Tabernakel, den ich so lange vernachlässigt hatte, in der Eucharistie, die Quelle der Gnaden, der Wahrheit und alles Guten ist.

Nach der heiligen Messe gingen wir in die Sakristei, dort begegneten wir der Seherin Marija. Es kam auch ein Pater dazu, mit dem wir für den morgigen Tag eine Begegnung im Pfarrhof ausmachten. Das war P. Slavko. Als er erfuhr, dass wir Musiker sind, bat er uns, ob wir zur Zeit der Erscheinung in der Kirche musizieren könnten…

Am Nachmittag gingen wir zur Kirche, um das Ave Maria von Schubert zu proben, ein Musikstück, das wir zur Zeit der Erscheinung aufführen wollten. Wir trafen einen Pater, der uns sagte: ‚Es gibt keinen Strom!' Die Orgel konnte daher nicht benutzt werden… Wir hofften aber, dass der Strom doch noch kommen würde… Als der Rosenkranz begann, waren wir noch immer im Dunkeln… Um 17.30 Uhr kam der Strom wieder. Als um 17.45 Uhr die Erscheinung der Gottesmutter an Jakov, Ivan und Marija begann, erschallte die Orgel mit den Klängen des ‚Ave Maria'… Ich weiß nicht, was da mit mir geschah, ich glaube, dass ich da zum ersten Male begriffen habe, was es heißt, mit dem Herzen zu beten… Es ergriff mich das Gefühl einer unbeschreiblichen Freude…

Nach der Rückkehr in die Schweiz dachte ich über alles nach, was mit mir geschehen war. Warum gerade in Medjugorje? Warum musste ich in dieses armselige Dorf gehen, in dieses kommunistische Land, um diesen großen Wert zu entdecken?... Es vergingen Tage und Wochen. Während weniger Monate veränderte sich etwas, was mir in Jahren nicht gelang, sowohl im geistlichen Leben wie auch in der musikalischen Interpretation. Rein äußerlich hatte sich nichts verändert, aber mein innerer Zustand beeinflusste alles, was ich unternahm. Nie zuvor war ich so sicher, dass der Glaube eine Kraft ist, die man überträgt, die wir auf unsere Nächsten übertragen und mit ihnen teilen sollen.

Im Dezember des gleichen Jahres kam ich wieder nach Medjugorje und dann erneut im Sommer 1986. Es entwickelte sich eine tiefe Freundschaft mit Pater Slavko Barbarić.

Im März 1987 lud mich Pater Slavko ein, bei einer Erscheinung im Pfarrhof anwesend zu sein. Das war eine besondere Gnade, ein unerwartetes Geschenk. Es war ja nur wenig Platz in diesem kleinen Raum, in dem die Erscheinungen stattfanden…

Mit Worten kann ich dieses Ereignis [die Erscheinung] nicht beschreiben. Ich kann nur sagen, dass es mir in diesen Augenblicken bewusstwurde, welch großes Geschenk hier Gott der Menschheit und der Kirche darbietet. An jenem Tage sagte ich zu Pater Slavko, dass mich die Erfahrung in Medjugorje zu einer karitativen Tat inspiriert, besonders für Kinder. ‚Sorge dich nicht', sagte Pater Slavko zu mir. ‚Wenn die Zeit kommt, wird dir die Gottesmutter den richtigen Weg zeigen.'

Während der folgenden Monate erkundigte ich mich über die verschiedenen humanitären Organisationen, aber ich merkte, dass sie verschiedenen politischen und ideologischen Doktrinen anhingen und mir nicht entsprachen. Ich wollte eine Organisation, die nicht nur materiell interveniert, wo es der Staat braucht, sondern die auch eine moralische und geistige Stütze ist im Sinne echter christlicher Brüderlichkeit, die ich in Medjugorje entdeckt habe. Ich beschloss etwas Neues zu gründen. Am 31. Dezember 1987 wurde beim Notar in Chiasso eine Neugründung eingetragen ‚Medjugorje per l'Infanzia'. Zwei Monate danach wurde die Gründung in der Schweiz offiziell anerkannt.

Schon ein Jahr danach zählte die Gründung 600 Wohltäter. Damit ich die Öffentlichkeit mit den Aufgaben besser vertraut machen kann, habe ich verschiedene Personen aus dem kulturellen und religiösen Leben in den Vorstand berufen. Mit ihrer Unterstützung haben wir Wohltätigkeitskonzerte in Lugano organisiert und so entstand eine große Familie, die den gleichen Weg ging: den Weg der Solidarität mit den Kindern in Not…

Auf den Ruf von Pater Slavko Barbarić hin, der durch die Gründung des Mutterdorfes in Medjugorje die Folgen des Krieges in Kroatien und in Bosnien-Herzegowina nur ein wenig lindern wollte, baute die Stiftung das Haus ‚Pupoljci'. Die Arbeiten begannen zu Beginn des Jahres 1995. Die in Medjugorje stationierten UN-Soldaten haben unentgeltlich die Fundamente ausgegraben..."[6]

Abb. 126: Haus, das von der Stiftung finanziert wurde, die von Mauro Harsch ins Leben gerufen wurde.

Viele andere förderten die Entstehung des Mutterdorfes ebenso, beispielsweise die Gebetsaktion Medjugorje in Wien. Dr. Maximilian Domej registrierte bei Pater Slavko schon eine gewisse „Bauernschläue", als ihm dieser eines Tages eine Bitte antrug:

„Als es zum Bau des Mutterdorfes kam, traf ich Pater Slavko einmal beim Hinuntergehen vom Berg. Er legte so eher beiläufig seine Hand auf meine Schulter und zog mich etwas beiseite. Pater Slavko sagte: ‚Max, wir bauen jetzt Häuser im Mutterdorf und ein Haus wäre noch frei zum Finanzieren. Wäre es möglich, dass Ihr von der Gebetsaktion eine Aktion durchführen und ein Haus finanziert? Das wäre sehr schön und vielleicht wäre das ja auch ein kleines Dankeschön für die Bücher von mir, die Ihr veröffentlichen durftet.' An diesen Worten zeigte sich die Klugheit von Pater Slavko."[7] [Anmerkung: Viele seiner Bücher veröffentlichte Pater Slavko in der Gebetsaktion Medjugorje in

Wien. Honorar wollte er dafür aber nicht, sondern ihm ging es ausschließlich um die Sache.]

Auch aus Deutschland kam Hilfe. Architekt Rudi Karg berichtet hierzu:

„Als das Mutterdorf gebaut wurde, sagte er [Pater Slavko] zu mir, dass ihm die ‚Blauhelme' helfen würden. Wir schauten uns das Gelände und die begonnenen Baumaßnahmen an. Zu Hause sammelten wir Geld für die Finanzierung der Gebäude im Mutterdorf. Diese Mittel konnten wir dann in Medjugorje in Form mehrere Schecks übergeben."[8]

Abb. 127: Von links: Georg Lösch, Rudi Karg, Pater Slavko, Josef Lösch und Otmar Hartling bei einer Scheckübergabe

Es ist unglaublich, aber das kleine Dorf nahm zunehmend Gestalt an und aus der Vision begann Wirklichkeit zu werden.

Abb. 128: Auf der Baustelle

Am 23. Oktober 1995 konnten schließlich einige Häuser für die kriegsgeschädigten Kinder in Betrieb genommen werden.

Abb. 129: Anlage mit den Häusern (2023)

Pater Slavko dachte vorausschauend und ganzheitlich. Das Mutterdorf durfte keinesfalls ein Ghetto werden. Ein Kranker darf auch nicht nur unter kranken Menschen sein, sondern er braucht für sein psychisches Wohlergehen auch die Nähe von gesunden.

Ein wichtiger Baustein zur Vermeidung einer Ghettoisierung war der Bau des Kindergartens, benannt nach der hl. Theresia vom Kinde Jesu. 120 Kinder aus der Umgebung besuchen ihn.

Abb. 130: Kindergarten der hl. Theresia vom Kinde Jesu

Pater Slavko ließ nie Zweifel daran aufkommen, dass er die Abtreibung für ein Verbrechen hielt. Er war davon überzeugt, dass Mütter in einer konkreten Situation Hilfe angeboten werden musste, um ihnen die Austragung ihres Kindes zu ermöglichen. Auch sie fanden in einem neu errichteten großen Haus im Mutterdorf eine Heimat.

Ferner hat Pater Slavko in den Häusern der Gemeinschaft des „Barmherzigen Vaters" im Mutterdorf eine eigene Einrichtung für Suchtkranke geschaffen.

Abb. 131: Haus der Gemeinschaft des „Barmherzigen Vaters"

Suchtkranken in Medjugorje zu helfen, war nicht primär Pater Slavkos Idee, sondern hier gab es eine Vorgeschichte. Rita Agnese Petrozzi, eine Ordensschwester, die besser unter dem Namen „Mutter Elvira" bekannt ist, begann 1983 in Saluzzo bei Turin mit ihrer Arbeit an Drogenabhängigen. Ihrer Gemeinschaft gab sie den Namen „Cenacolo", was übersetzt „Abendmahlsaal" heißt. Die Arbeit war so erfolgreich, dass sich ihr Werk rasch ausbreitete.

1983 kam Mutter Elivira erstmals nach Medjugorje. Dort konnte sie schließlich ein Haus für junge Männer gründen. Die Therapie, die Mutter Elvira mit den Jugendlichen praktizierte, unterschied sich gravierend von den üblichen klinischen Therapien. Pater Slavko hat Mutter Elvira und ihrem Werk ein eigenes Buch gewidmet mit dem Titel „Perlen des verwundeten Herzens". Die Erfolgsquote der alternativen Therapie ist enorm hoch.

Zunächst ist wohl die größte Schwierigkeit, dass sich ein Abhängiger überhaupt dazu entschließt, in die Hausgemeinschaft einzutreten. Gutes Zureden allein hilft da meistens nicht, sondern für die Entscheidung scheint ein gewisses Maß an Druckausübung unabdingbar zu sein. So riet Mutter Elvira den Eltern Suchtabhängiger: „Werft ihn aus dem Haus, damit er euch nicht mehr ausnützen kann".[9]

Es werden für die Entwöhnung keine Ärzte, keine Psychiater, keine Psychologen und keine Medikamente eingesetzt. Entzugserscheinungen werden in Kauf genommen. Die Therapie dauert im Regelfall drei Jahre. Der Suchtkranke wird sehr herzlich aufgenommen und erhält einen „älteren" Drogenabhängigen an seine Seite, der ihn begleitet. Zunächst ist acht Monate kein Kontakt mit der Außenwelt erlaubt. In „Cenacolo" herrscht ein ganz ausgeprägtes und enges Gemeinschaftsgefühl, in dem sich jeder angenommen fühlen darf. Der wichtigste Baustein der Therapie ist die benediktinische Grundregel „Ora et labora", also „Bete und arbeite". Mit den Familien der Suchtkranken wird sehr eng kooperiert, denn gerade hier muss der Acker für die Rückkehr in die Familie gut gepflügt sein.

Pater Slavko war über all die Jahre sehr eng mit Mutter Elvira und ihrem Werk verbunden. Er hielt dort die Messe, hörte die Beichte und stand an der Seite der Jugendlichen. In seiner eigenen Einrichtung praktiziert er die gleichen Therapiegrundlagen. Im Mutterdorf wurde auch eine eigene Werkstatt eingerichtet.

Abb. 132: Werkstatt für die Gemeinschaft des „Barmherzigen Vaters“

Mit einem Satz aus Pater Slavkos Buch kommt die Anerkennung für Mutter Elvira sehr deutlich zum Ausdruck:

„Die Droge ist nicht das Problem, das Problem ist, dass es nicht genug Elviras gibt."[10]

Abb. 133: Mutter Elvira im Gespräch mit Pater Slavko

Einer, der mit seiner Suchterkrankung Hilfe fand, war Arthur Lubowetzki. Er gab Zeugnis dafür, was er Pater Slavko zu verdanken hatte:

„Ich konnte nicht schlafen, ich konnte einen Monat lang fast nicht schlafen, ich habe nur ein bis zwei Stunden geschlafen. Wenn man von der Droge kommt, ist das so. Jede Nacht hat er [Pater Slavko] vor dem Schlafengehen zu mir gesagt: ‚Wenn Du nicht schlafen kannst, weck mich auf, ich helfe Dir.'…"[11]

Wenn wir das Mutterdorf heute besuchen, werden wir von einem Torbogen mit der Aufschrift „Majčino selo" (Mutterdorf) empfangen, der uns zur Besichtigung dieses karitativen Werkes einlädt.

Abb. 134: Torbogen am Eingang des Mutterdorfes

Gleich am Eingang steht die Statue der Gospa, die Kinder in ihrem Schoß hält. Geschaffen wurde sie von Joakim Gregov.

Abb. 135: Statue der Gospa im Mutterdorf

Nicht weit davon entfernt stoßen wir auf die lebensgroße Figur von Pater Slavko. Er hält ein Kreuz hoch und segnet dabei sinnbildlich die Besucherinnen und Besucher sowie alle, die in dem Dorf arbeiten und wohnen.

Abb. 136: Lebensgroße Bronzefigur von Pater Slavko Barbarić im Mutterdorf

Die Statue wurde von dem italienischen Künstler Carmelo Puzzolo nach Pater Slavkos Tod geschaffen.

Abb. 137: Carmelo Puzzolo in seiner Werkstatt bei der Arbeit an der Statue

Das Mutterdorf beherbergt u.a. auch ein Atelier, eine Galerie, eine Zahnarztpraxis, ein Gesundheitszentrum, einen Spielplatz und andere Einrichtungen. Das Atelier hat dabei seine eigene erzählenswerte Geschichte. Vikica Dodig berichtet darüber:

„Pater Slavko lernte eine kroatische Künstlerin kennen, die im Krieg viel gelitten hatte. Mit ihr zusammen entwickelte er eine Therapie, die ich zwar inhaltlich fachlich nicht ganz erklären kann, mit der aber die Traumatisierung der Kinder behandelt werden konnte, in dem sie unbewusst in ihren Malereien und anderen kreativen Tätigkeiten wie mit Ton, Wachs etc. ihre Erlebnisse an die Oberfläche brachten. In die Werkstatt, die dabei noch entstanden ist, lud Pater Slavko auch Künstler aus anderen Gegenden ein, die ohnehin längere Zeit in Medjugorje sein wollten. Sie sollten auch mit den Kindern arbeiten. Einzige Bedingung war, dass sie zwei ihrer Exponate in Medjugorje belassen mussten, die dann zugunsten des Mutterdorfes bei Ausstellungen verkauft wurden. Ebenso wurden auch Sachen, die die Kinder selbst produzierten wie beispielsweise Kerzen, im Atelier verkauft. Damit sollte u.a. erreicht werden, dass die Kinder Wertschätzung erfuhren mit dem Gefühl ‚das will jemand haben'.“[12]

Den gestalterischen Höhepunkt fand das Mutterdorf durch den Franziskusgarten, der zur Erholung und zum Verweilen einladen sollte, wenngleich er heute leider etwas ungepflegt aussieht. Vikica Dodig weiß noch, wie es zu der Planung kam:

„Was das Grundstück für den Franziskusgarten anbelangt, spielte die Botschaft der Gospa vom 25. Oktober 1995 eine Rolle, mit der sie einlud, hinaus in die Natur zu gehen, denn dort begegne man Gott, dem Schöpfer. Als Pater Slavko in der Folgezeit mit dem Auto an einem großen Waldgrundstück vorbeifuhr, sah er, dass das gesamte Gelände furchtbar vermüllt war. Er ging zum Bürgermeister und bat ihn, dafür zu sorgen, dass der Müll beseitigt wird, denn es sei die Schöpfung Gottes. Verständlicherweise war dieses Problem aber aus der Sicht des Bürgermeisters nicht

das wichtigste, was so kurz nach Kriegsende anstand. Pater Slavko konnte aber mehr als hartnäckig sein, wenn er etwas wollte. So hat die Vermüllung des Grundstückes praktisch zu seinem eigenen Problem gemacht. Und deshalb sprach er die Gemeinde Čitluk immer und immer wieder darauf an. Schließlich sagte Pater Slavko: ‚Gut, wenn Ihr das nicht könnt, dann gebt mir das Grundstück und ich mache es'. Dabei spielte auch eine Rolle, dass viele Kirchengrundstücke zur Zeit des Kommunismus enteignet wurden und der Staat daran ging, der Kirche nach dem Zerfall des Kommunismus das eine oder andere zurückzugeben. Jedenfalls bekam Pater Slavko das Grundstück mit über 16 ha und damit war ein wichtiger Meilenstein zum Bau des ‚Mutterdorfes' erreicht…"[13]

Seine Mitarbeiterinnen fielen beinahe aus allen Wolken, als er ihnen seine Vision offenlegte, wie seine langjährige und inzwischen verstorbene Mitarbeiterin Schwanhild Hentschel schildert:

„Vor zwei Jahren muss es gewesen sein. Er hat mich [beiseite]genommen und hat gesagt: ‚Ich habe eine Idee, ich möchte was aus diesem Wald machen.' … Es war ein regnerischer Tag und er ist mit seiner Kutte vorangegangen und wir sind durch undurchdringliches Dickicht gegangen und überall ist er hängengeblieben mit seiner Kutte und seiner Kordel. Er sagte: ‚Da möcht' ich einen Park daraus machen. Was glaubt Ihr, könnt Ihr Euch das vorstellen? Da mach ich einen See und dort werden wir dann irgendeinen Pfad machen und ein paar Bibelgestalten hinstellen usw. Könnt Ihr Euch das vorstellen?' Nein, das können wir uns nicht vorstellen. ‚Na, Ihr werdet es aber sehen. Ich geh zur Gemeinde Čitluk und ich werde sie bitten, sie sollen mir den Wald geben.' Und prompt, er hat das dann gemacht. Er ist zur Gemeinde gegangen und hat sich den Wald erbettelt. Und sie haben ihn ihm geschenkt, und er hat einzäunen lassen, und dann er hat das alles gesäubert. Es war eine ‚Mülldeponie'. Jede Vertiefung und Versenkung in dem Gelände, da war der Müll megahoch

drin. Und da hat er seine Burschen genommen und sie mussten dann herkommen und mussten das vom Müll säubern… Aber er hatte diese Vision. Keiner von uns konnte sich das vorstellen…“[14]

Es war eine Herkulesaufgabe, das Gelände vom Müll zu befreien. Auch hierzu gibt es eine herrliche Geschichte, die Franz Josef Gollowitsch über seinen Vater erzählt, dem wir schon im vorherigen Kapitel begegnet sind:

„Ich kann mich noch gut erinnern, dass Pater Slavko beim Bau des Mutterdorfes zu meinem Vater sagte: ‚Du, Franz, ich brauche einen Müllwagen.‘ Mein Vater fragte ihn, ob er damit einen VW-Bus meine, aber er erwiderte: ‚Nein, schon einen richtigen mit Presse‘. Pater Slavko hatte ebenso wie mein Vater ein fast grenzenloses Gottvertrauen. Und so kam es, dass mein Vater tatsächlich einen solchen Müllwagen besorgte und zwar auf eine unglaubliche Weise. Zu Hause haben wir dann zunächst viel mit Müllunternehmen telefoniert und gefaxt, ob sie nicht einen gebrauchten Müllwagen haben, den sie uns geben könnten. Aber diese Anfragen verliefen allesamt erfolglos. Mein Vater fuhr dann in die Landeshauptstadt zu einer Ausstellung bzw. Messe, und als er die Messehalle an einem Seiteneingang betrat, kam ihm ein Müllabfuhrunternehmer entgegen, den er kannte. Es war Kommerzialrat Roth, der bereits in Pension war. Mein Vater sagte zu ihm, dass ihn der Himmel schicke, denn er brauche einen Müllwagen für Medjugorje. Das Gespräch sollte Folgen haben. Drei Tage später erhielten wir einen Anruf des Unternehmens, dass es einen gebrauchten Müllwagen ausscheiden würde, den wir haben könnten. Und so kam Pater Slavko zu seinem Müllwagen.“[15]

Abb. 138 und 139: Franziskusgarten

Fast jeden Tag besuchte Pater Slavko sein Mutterdorf. Er war mit „seinem Baby“ fest verbunden. Er gab aber nicht nur Liebe, sondern sie kehrte auch oft zu ihm zurück. Auch Enttäuschungen blieben bei dieser Arbeit natürlich nicht aus. Die Menschen wussten jedenfalls, dass da einer am Werk war, der nicht nur redete, sondern durch sein Tun eine aufgeschlagene Bibel war.

Abb. 140: Pater Slavko mit einem Kind auf dem Spielplatz im Mutterdorf

Das Werk seines Mutterdorfes heute fortzuführen, bedeutet eine Herausforderung. Der Wille dazu ist aber aus den Worten der Seherin Mirjana Dragicevic-Soldo spürbar:

„Auch wenn Pater Slavko physisch nicht mehr unter uns ist, sein Geist wird immer in uns weiterleben. Marco [ihr Ehemann] und ich haben viel mit ihm gearbeitet und wir spüren die Verpflichtung, das in die Tat umzusetzen, wovon wir gemeinsam geträumt haben. Eine Kapelle soll hier noch entstehen und wir haben auch ein Altersheim und einige weitere Einrichtungen geplant. Wir werden uns mit aller Kraft und Liebe bemühen, die Anlage genauso fertigzustellen, wie er [es] sich von ganzem Herzen gewünscht hat. Dabei schwebt uns nichts Protziges vor, eine bescheidene kleine Kapelle, genauso wie es ihm gefallen hätte. Geld hat er nie für besonders wichtig gehalten. Er hatte gar keine Lust, überhaupt darüber zu reden. Wenn er Geld bekommen hat, dann hat er nur gefragt: ‚Können wir damit ein Altersheim bauen? Wird es reichen? Wieviel brauchen wir noch?'. Geld bedeutete für ihn automatisch, damit etwas Gutes anzufangen."[16]

Das Mutterdorf war übrigens keineswegs die einzige soziale Errungenschaft, die auf Pater Slavko zurückging.

1991 rief Pater Slavko beispielsweise den Fond „Freunde der Talente" ins Leben. Damit sollte finanziell schlecht gestellten, aber talentierten Menschen ein Studium ermöglicht werden. Finanziert wurde der Fond weitestgehend aus Spenden.

Auch gab es einen Fond für kinderreiche Familien, den Pater Slavko 1997 gründete. Mit ihm konnte Großfamilien in finanziellen Schwierigkeiten geholfen werden.

19 Der Kreuzweg und Pater Slavko

Es war keineswegs beabsichtigt, dem Kreuzweg von Medjugorje ein eigenes Kapitel zu widmen. Wenn es nun doch geschieht, ist dies dem Umstand zu verdanken, dass die Geschichte seiner Entstehung sehr bewegend ist und auch viel vom Wesen von Pater Slavko offenbart.

Der Berg Križevac, also der Kreuzberg, sticht durch sein 8,56 m hohes Betonkreuz von weitem ins Auge. Es wurde 1934 von Angehörigen der Pfarrei in einmonatiger Bauzeit errichtet.

Abb. 141: Luftaufnahme des Kreuzberges mit seinem Betonkreuz

Auf ihm steht geschrieben: „An Jesus Christus, Erlöser der Menschheit als Zeichen unseres Glaubens, unserer Liebe und Hoffnung und zur Erinnerung an die Passion Jesu vor 1900 Jahren". Im Querbalken ist eine Reliquie des echten Kreuzes Jesu eingemauert.

Abb. 142: Betonkreuz auf dem Kreuzberg

Die Gospa hat dieses Kreuz in ihrer Botschaft vom 30. August 1984 eigens erwähnt.

„Liebe Kinder! Auch das Kreuz war im Plan Gottes, als ihr es erbaut habt. Besonders in diesen Tagen geht auf den Berg und betet vor dem Kreuz. Ich brauche eure Gebete. Danke, dass ihr meinem Ruf gefolgt seid!"

Bis 1988 gab es entlang des steilen und steinigen Weges zum Berg hinauf nur einen sehr einfachen Kreuzweg. Das sollte sich aber ändern, nachdem der italienische Künstler Camelo Puzzolo 1985 Medjugorje besuchte, wie er selbst erzählt:

„Im März 1985 war ich in Padua, wo wir als Assistenten von Maestro Annigoni einige Geschichten in der Kirche des Heiligen ausmalten. Eines Abends waren wir zum Abendessen bei einem befreundeten Industriellen von Maestro Annigoni, der mir erzählte, was in Jugoslawien, genauer gesagt in Medjugorje, geschah, nämlich dass eine Gruppe von Kindern behauptete, mit

der Muttergottes zu sprechen. Sie behaupteten, dass dies sicher wahr sei und dass sie schon mehrmals dort gewesen seien und die Seher persönlich kannten. Sie bestanden darauf, dass ich auch hingehen sollte und dass ich als Künstler eine sehr wichtige Erfahrung machen würde. Später, im Juli desselben Jahres, als ich mit meiner Arbeit in Padua zu Ende war, beschloss ich, mit meiner Frau nach Medjugorje zu fahren. Ich blieb dort eine Woche lang. Ich verbrachte die Tage hauptsächlich in der Kirche, betete und besuchte den Erscheinungsberg Križevac, wo alle hinaufstiegen, um den Kreuzweg zu beten.

Am letzten Tag meines Aufenthalts war es ein warmer Nachmittag, und ich war auf dem Weg zur Kirche, wo um 17 Uhr der Rosenkranz gebetet werden sollte. Als ich den Platz vor dem Franziskanerpfarramt überquerte, erschien oben auf der Treppe Pater Slavko, der Franziskaner, der mir schon wegen seiner Anwesenheit und seiner herzlichen Art gegenüber allen Pilgern aufgefallen war, bei denen er sich oft aufhielt, da er viele Sprachen beherrschte. Ich grüßte ihn: ‚Guten Morgen'. Er grüßte mich zurück und fragte mich, ob ich schon viele Tage hier sei. Ich antwortete, dass ich seit einer Woche hier sei, und als er mich fragte, ob ich noch viele Tage bleiben würde, sagte ich ihm, dass ich noch in derselben Nacht abreisen würde. Er fragte mich, ob ich in Medjugorje gute Erfahrungen gemacht hätte, und ich sagte ja, dass ich alle guten Erfahrungen gemacht hätte. Ich hatte die Seher getroffen und konnte mit ihnen zusammen beten. Ich war bei keiner Erscheinung, aber ich war trotzdem sehr zufrieden mit meinem Aufenthalt und habe mich nicht beschwert. Als ich ihm das sagte, antwortete Pater Slavko: ‚Vielleicht können Sie auch diese letzte Erfahrung machen'. Daraufhin fragte ich ihn: ‚Ach ja? Was soll ich tun?'. Und er antwortete: ‚Kommen Sie zum Rosenkranz?' ‚Ja', antwortete ich ihm, ‚ich gehe zum 17-Uhr-Rosenkranz', dem Pater Slavko selbst vorstehen würde. ‚Nach dem zweiten Rosenkranz warten Sie hinten in der Kirche auf mich', sagte er. So geschah es dann auch.

Ich erzählte meiner Frau, was wir gesprochen hatten, ohne zu wissen, was passieren würde.

Abb. 143: Camelo Puzzolo, seine Ehefrau und Pater Slavko

Nach dem zweiten Rosenkranz ging ich zum hinteren Teil der Kirche, zur Tür, und als alle Leute die Kirche verließen, sah ich Pater Slavko umringt von vielen Menschen, die alle mit ihm sprachen, und ich dachte, er würde mich vergessen, so sehr war er von der Menge umringt. Als er in meiner Nähe war, sah er mich und löste sich schnell von den Menschen, die ihn umgaben, ging auf mich zu, nahm mich am Arm und führte mich zum Platz des Presbyteriums, der sich inzwischen bis zu den Stufen, die ins Innere führten, mit Menschen gefüllt hatte. Ein Mann stand an der Tür des Pfarrhauses und hinderte die Menschen daran, hineinzugehen, da es bereits voll war. Pater Slavko bahnte sich einen Weg durch die Menschen, gab mir ein Paket, das er bei sich trug, und bat den Mann an der Tür, mich durchzulassen. Als ich drinnen war, wurde ich in einen kleinen Nebenraum geführt.

Dieser Raum, so erfuhr ich später, war Pater Slavkos persönliches Arbeitszimmer. Der Raum war überfüllt mit Menschen. Die einzige Lücke war um einen Jungen und ein Mädchen, die vor einer Wand standen, an der ein Bild der Muttergottes angebracht war. Die beiden Jungen waren Ivan und Marija, die Seher.

Nach einigen Minuten kam Pater Slavko und kniete vor der Tür nieder, wo er einen Platz in der Menge fand. Plötzlich fielen die beiden Seher auf die Knie, schauten nach oben und verharrten in Ekstase, als ob sie in den Himmel schauten. Schon beim Betreten des Presbyteriums war mir klar, dass ich Zeuge einer Erscheinung werden würde, aber in diesem Moment überkam mich eine große Ergriffenheit, auch weil neben mir eine Mutter mit einem kleinen Mädchen im Nacken saß, dessen Kleid blutdurchtränkt war, das kleine Mädchen weinte aufgeregt, während seine Mutter versuchte, es ruhig zu halten. In diesem Moment dachte ich nur eines: Wenn die Muttergottes wirklich anwesend war, dann möge sie dieses kleine Mädchen heilen, was auch immer sie quälte. Die Erscheinung dauerte ein paar Minuten, danach gingen wir alle zusammen mit den beiden Sehern hinaus, die, sobald sie vor dem Pfarrhaus waren, von der Menge umringt wurden. In dem Durcheinander war es mir nicht möglich, Pater Slavko für die Gelegenheit zu danken, die er mir gegeben hatte. Ich konnte mit der Mutter des kleinen Mädchens sprechen, die mir erklärte, dass das kleine Mädchen an einer schrecklichen Krankheit leide, und die Ärzte ihr wenig Hoffnung auf Heilung machten. Ich sagte ihr, sie solle beten und hoffen. Wenn die Gottesmutter wirklich in diesem Zimmer erschienen wäre, hätte sie den Schmerz einer Mutter verstanden und zu ihrem eigenen gemacht…

Am Abend, nach der 19-Uhr-Messe und dem letzten Rosenkranz, wollte ich Pater Slavko treffen, um mich bei ihm zu bedanken, und er nahm mich wieder einmal, nachdem er alle Pilger um sich herum losgeworden war, am Arm und zog mich zur Seite, damit ich mit ihm reden konnte. ‚Sind Sie jetzt glücklich, dass Sie diese letzte Erfahrung gemacht haben', fragte er. ‚Haben

Sie hier in Medjugorje gut gebetet? Es ist wie bei einer Operation, wenn man eine Krankheit hat. Damit die Operation erfolgreich ist, muss man die richtige Therapie anwenden, und die Therapie für Sie ist, dass Sie weiter beten, auch wenn Sie wieder in Ihrem Heimatland sind.'

Abb. 144: Camelo Puzzolo und Pater Slavko vor dem Pfarrhaus in Medjugorje

Bevor ich mich von ihm verabschiedete, wollte ich ihn noch etwas fragen: ‚Pater, ich habe gesehen, dass die Pilger den Kreuzweg entlang der Križevac vor Steinen beten, auf denen die Nummern der Stationen in römischen Ziffern angegeben sind. Haben Sie nicht daran gedacht, dort einen echten Kreuzweg zu errichten?' Daraufhin fragte er mich, was ich mit einem ‚echten' Kreuzweg meinte. ‚Einige Bronzeskulpturen', sagte ich ihm. Er sah mich an und fragte: ‚Glauben Sie, dass man vor Bronzetafeln gut beten kann?' Ich antwortete: ‚Natürlich kann man auch vor Skulpturen aus Brotkrumen gut beten, solange man es mit dem nötigen religiösen Respekt tut.' Der Pater sah mich lächelnd an und sagte: ‚Ich glaube, nach einer Woche werden die Vögel, von denen es hier viele gibt, die Brotkrumen auffressen', antwortete er scherzhaft. Ich beharrte darauf: ‚Eine schöne Platte mit den verschiedenen Kreuzwegstationen darauf ist eine machbare Sache und würde mit Ernsthaftigkeit und Engagement gemacht werden'. Dann wurde er ernst und fragte: ‚Und wer könnte so etwas machen?' In diesem Moment war ich involviert und sogar ein wenig verlegen, aber ich machte sofort meinen Vorschlag: ‚Ich kann diese Arbeit machen.' ‚Sind Sie Künstler?', fragte er. ‚Ich unterrichte Malerei an der Akademie der Schönen Künste in Florenz, aber ich habe auch gute Erfahrungen in der Bildhauerei.' Dann fragte mich Pater Slavko, wie viel diese Art von Arbeit kosten könnte. Ich antwortete, dass ich das nicht wüsste, aber ich würde mich bei einer Gießerei in Florenz erkundigen und fügte sofort hinzu, dass ich für meine Arbeit nichts verlangen und sie den Franziskanern von Medjugorje anbieten würde. Ich schlug vor, dass es bei all den anwesenden Pilgern kein Problem sein würde, Gelder zur Finanzierung des Werkes zu sammeln. Daraufhin tauschten wir unsere Telefonnummern aus und ich versprach, mich zu melden, sobald ich die Kosten für die Gießerei wüsste, und so verabschiedeten wir uns. Nach ein paar Stunden reiste ich nach Italien ab.

Ich reiste die ganze Nacht hindurch, und am Morgen war ich bereits zu Hause. Am Morgen erhielt ich einen Anruf von Valentino Brazzale, dem Industriellen, der mir den Besuch in Medjugorje vorgeschlagen hatte. Er wollte wissen, wie ich es erlebt hatte. Nachdem ich ihm von der Reise erzählt hatte, berichtete ich ihm, was ich bei der Herstellung des Kreuzweges erlebt hatte und dass ich zu einer Gießerei in Florenz gehen würde, um mich nach den Kosten für einen möglichen Bronzekreuzweg zu erkundigen. Valentino erzählte mir, dass es in seiner Stadt, Sandrigo, in der Nähe von Thiene, eine Kunstgießerei gäbe. Er sagte, er würde sich erkundigen und mir Bescheid geben. Nach einer

Stunde wurde ich zurückgerufen und gebeten, sofort nach Sandrigo zu fahren, da die Gießer mit mir besprechen müssten, welche Art von Gussform ich anzufertigen gedenke, da die Kosten davon abhängen würden, insbesondere die Maße. Ich entgegnete ihm, dass ich nach der langen Nacht noch etwas Schlaf bräuchte, bevor ich mich wieder auf den Weg mache, aber Valentino bestand darauf. Es gäbe wichtige Dinge zu wissen, die sofort besprochen werden müssten, denn es gäbe bereits jemanden, der die ganze Arbeit bezahlen würde, egal was sie kosten würde. Am späten Nachmittag war ich bereits in Sandrigo und hatte alles besprochen. Die Gießerei würde von Santin dalle Carbonare, einem anderen Industriellen, und Valentino selbst bezahlt werden. Um 22 Uhr desselben Tages war ich bereits auf dem Rückweg nach Medjurogje. Am nächsten Morgen waren wir wieder da, Valentino und ich. Als Pater Slavko mich sah, fragte er: ‚Sind Sie noch hier? Mussten Sie nicht abreisen?' ‚Ja, ich bin nach Italien gefahren und zurückgekommen. Es gibt eine gute Nachricht!'

‚Was ist passiert?', fragte er. ‚Die Arbeit, die ich machen werde, wird Sie nichts kosten. Es gibt bereits jemanden, der alles bezahlt, es wird eine Gruppe italienischer Freunde von Valentino sein. Ich gehe zurück nach Italien und fange an zu arbeiten.' Er sagte mir, ich solle es ruhig angehen lassen, das Regime herrsche über das ganze Land und es würde nicht so einfach sein… Es würde nicht einfach sein, vom Regime eine Genehmigung für die Verlegung der Fliesen auf dem Hügel zu bekommen. ‚Sie überlegen sich, ob Sie eine Genehmigung vom kommunistischen Regime bekommen, und ich fange in der Zwischenzeit mit den Arbeiten an. Das wird einige Monate dauern.' Also verließ ich ihn und ging zurück nach Italien, um mit den Arbeiten zu beginnen.

Noch im selben Jahr habe ich in Florenz die erste Fliese gelegt. Es dauerte 22 Monate, bis ich alle 15 fertiggestellt hatte.

Abb. 145: 3. Station (Jesus fällt das erste Mal unter dem Kreuz)

Es gab verschiedene Schwierigkeiten, sie zu verschicken, damit der Zoll keinen Ärger macht, aber schließlich haben wir es geschafft, sie alle dorthin zu bringen. In der Zwischenzeit hatte Pater Slavko die Erlaubnis erhalten, die Fliesen auf dem Berg Križevac zu verlegen… "[1]

1989 konnte der neue Kreuzweg mit einer würdigen Feier eingeweiht und in Betrieb genommen werden.

Abb. 146: 13. Station (Jesus wird vom Kreuz abgenommen und in den Schoß seiner Mutter gelegt)

Abb. 147: 14. Station: Der heilige Leichnam Jesus wird in das Grab gelegt

Inzwischen gibt es Kopien davon in mehreren Staaten, u.a. auch in Fulda. Jedes Bronzerelief zeigt auch die Gospa.

Wer hätte bei der Einweihung gedacht, dass Pater Slavko einmal genau an diesem Kreuzweg sein Leben an seinen Schöpfer zurückgeben muss? Wohl niemand!

20 Auseinandersetzungen mit dem Bischof, Tod und Beisetzung

Zwischen Bischof Ratko Peric und Pater Slavko gab es schon seit längerer Zeit erhebliche Auseinandersetzungen, die einerseits zu umfangreichem Schriftverkehr führten und andererseits in einem Verbot zum Hören der Beichte ihren Höhepunkt fanden. Außerdem sollte Pater Slavko Medjugorje verlassen.

All das setzte Pater Slavko furchtbar zu, und er litt sehr darunter. Wenn hier auf die Beweggründe und den Inhalt dieser Auseinandersetzungen nicht weiter eingegangen wird, ist dies der Tatsache zuzuschreiben, dass wir uns mangels hinreichender Materialien teilweise Vermutungen und Spekulationen hingeben müssten, die der Autor vermeiden möchte.

Wie auch immer, der Himmel kam jedenfalls der „Vertreibung" von Pater Slavko aus Medjugorje zuvor. Pater Slavko durfte die Welt durch einen frühzeitigen Tod verlassen. Es war dabei kein plötzliches, unerwartetes Ende, wie man vielleicht vermuten könnte.

Acht Jahre zuvor bat Pater Slavko einen Arzt bei einem Auslandsaufenthalt um die Anfertigung eines EKGs. Er sagte ihm, dass er ein familiäres Risiko in sich trage, weil viele früh aus seiner Familie an einem Herztod sterben würden. Als er das Ergebnis bekam, atmete er erleichtert auf, denn es zeigte keinerlei Auffälligkeiten, wenngleich ein Ruhe-EKG immer nur eine Momentaufnahme darstellt. Pater Slavko wusste also um seine „genetische Hypothek". Jedenfalls scheint er schon damals irgendwie gespürt zu haben, dass sein Leben eben doch durch seine Genetik einmal ein plötzliches Ende erfahren könnte. Trotzdem kannte er deswegen keine Schonung seiner Gesundheit.

Ahnte er im Jahr 2000 seinen bevorstehenden Tod oder wusste er sogar darum?

Seltsame Dinge erlebte jedenfalls Maria-Elfriede Lang-Pertl aus Innsbruck im November 2000:

Abb. 148: Maria-Elfriede Lang-Pertl

„Einige Zeit vor seinem Tod spürte ich, dass Pater Slavko nicht mehr so lebte wie wir. Ich möchte das erklären. Es begann damit, dass mich unser damaliger Bischof von Innsbruck, Prof. Dr. Alois Kothgasser, anrief und mich bat, zusammen mit einem gewissen Prof. Dr. Mösl, der Priester und im Ehegericht tätig war, nach Medjugorje zu fahren. Msgr. Mösl sei von 1981 bis 1983 in Rom tätig gewesen und er habe dort den Beginn der Erscheinungen miterlebt und auch in diesem Ressort gearbeitet. Jetzt sei er in Pension und habe den Wunsch, endlich einmal selbst Medjugorje zu besuchen. Unser Bischof wusste natürlich, dass ich mich in Medjugorje gut auskenne und auch zu Pater Slavko ein gutes Verhältnis habe. Gerne sagte ich unserem Bischof zu. Ich rief deshalb Pater Slavko am 5. November 2000 an und erklärte ihm den Wunsch unseres Bischofs Dr. Alois Kothgasser. Zugleich fragte ich ihn: ‚Pater Slavko, dürfen wir Ende November dann zu Dir kommen?' Seine Antwort war klar und unmissverständlich: ‚Bitte komm jetzt, denn dann bin ich nicht mehr hier!' Damals verstand ich natürlich nicht, was er damit meinte, aber heute ist es mir klar: Er wusste um seinen nahenden Tod.

Als wir schließlich mehrere Tage in Medjugorje waren, erlebte ich Pater Slavko irgendwie verändert. Es ging von ihm so viel Liebe und so viel Friede aus.

Abb. 149: Pater Slavko mit Prof. Dr. Mösl

Abgesehen davon sind auch Dinge vorgefallen, für die es keine Erklärung gibt. Prof. Mösl und ich waren bei einer Erscheinung dabei. Vor der Erscheinung wurde der Rosenkranz gebetet. Dabei werden die Gesätze in verschiedenen Sprachen vorgebetet. Als Deutsch an der Reihe war, sah ich Pater Slavko nicht mehr. Irgendeine innere Eingebung veranlasste mich, an seiner Stelle das Vorbeten in deutscher Sprache zu übernehmen. Danach sagte mir Pater Slavko: ‚Du hast gut gehandelt. Das war mein Wunsch.'"[1]

Wenige Tage vor seinem Tod sagte er ihr:

„Du, ich möchte Gott einfach bitten, dass ich nicht im Bett sterben muss. Ich möchte Gott bitten, dass ich in der Arbeit für ihn und die Gospa sterben darf."[2]

An seinem Tagesprogramm änderte Pater Slavko in diesen Tagen indes nichts. Selbst am Geburtstag von Pater Dietrich von Stockhausen nahm er teil:

„Ich bin Jahrgang 1942 und habe am 10. November Geburtstag. Am Abend des 9. Novembers lud mich Pater Slavko in die Rekreation der Franziskaner ein. Das war also kurz vor seinem Tod. Er sagte dann am Geburtstag zu mir: ‚So, jetzt hole ich Dir eine Flasche Wein, die so alt ist wie Du.' Er ging und kam nach etwa 20 Minuten wieder: ‚Tut mir leid, habe ich nicht gefunden, aber Jahrgang 1937 wird auch gut sein.' Und die Flasche war hervorragend. Da blieb er dann auch sitzen, er konnte also schon auch gesellig sein."[3]

Ein paar Tage später, am 22. November 2000, sprach Angelika Lang aus Innsbruck ebenfalls noch mit Pater Slavko:

„Zwei Tage vor seinem Tod rief ich ihn an. Ich sagte ihm, dass ich mich zusammen mit einer Freundin zum Fastenseminar, das er leiten sollte, angemeldet hätte. Dieses sollte an dem Tag starten, als er starb. Pater Slavko freute sich richtig über meinen Anruf."[4]

Am Abend desselben Tages hatte Pater Marinko Šakota eine ungewöhnliche Begegnung. Er und Pater Slavko unternahmen einen Spaziergang. Normalerweise hatte Pater Slavko die Angewohnheit, nach einem solchen Treffen noch zu arbeiten. Pater Marinko überraschte es, dass es an diesem Tag anders war:

„Er hielt mich zweimal auf, als ich gehen wollte. ‚Bleib noch ein bisschen', sagte er zu mir. Ich spürte, dass er in sich selbst eine starke Beklommenheit fühlte. Als er sich endlich öffnete, begriff ich, welch große Last er mit sich trug und welche ‚Kalvarienbergsqual' er durchlebte."[5]

24. November 2000, ein Freitag! Der Terminkalender von Pater Slavko war auch für diesen Tag durchgetaktet.

Um 7.30 Uhr fand wie gewohnt die Konventmesse statt, die er aber nicht selbst zelebrierte. Diese Frühmesse wollten auch Schwester Deborah und ihre Mitschwestern von der Gemeinschaft „Oasi della pace" besuchen. Auch sie berichtet in diesem

Zusammenhang von einer seltsamen Begegnung mit Pater Slavko:

„Am 24. November 2000 hatte es in Medjugorje stark geregnet. Um 7.30 Uhr fand die Konventmesse der Franziskaner statt, an der Pater Slavko aber nicht teilnahm. Als wir zu dieser Frühmesse gehen wollten, kam Pater Slavko gerade aus der Kirche. Ein Mitbruder von mir beabsichtigte, bei ihm zu beichten. Als ich das hörte, sagte ich mir, dass ich dann auch noch bei ihm beichten gehe. Pater Slavko erklärte gegenüber meinem Mitbruder: ‚Nein, ich habe heute noch einen langen Weg vor mir. Gehe bei jemandem anderen beichten, es sind genügend Priester da.' Erst dachte ich mir nichts dabei. Erst später sollte ich an diesem Tag noch die Bedeutung und Tragweite seiner Aussage verstehen."[6]

Um 9 Uhr feierte Pater Slavko eine deutschsprachige Messe für österreichische Pilgerinnen und Pilger, die auch Franz Gollowitsch besuchte, den wir im Zusammenhang mit dem Krieg schon erwähnt haben. Es war das 250. Mal, dass er nach Medjugorje kam.

Pater Slavko wusste, was für eine große Stütze der Busunternehmer all die Jahre war. Dementsprechend herzlich waren auch seine Dankesworte:

Abb. 150: Pater Slavko ehrt Franz Gollowitsch

„Weder Regen, noch Schnee oder glühende Hitze konnten ihn aufhalten, mutig auch in Gefahren diesen Weg mit den Pilgern zu machen. Herr Franz Gollowitsch ist ebenso ein eifriger Organisator von Fastenwochen. Viele Menschen haben dort begonnen, Maria zu folgen…Er kam zu jeder Zeit nach Medjugorje, sogar in den größten Kriegswirren. Auch heute ist Franz Gollowitsch einer, der unseren Kranken, Flüchtlingen und Waisenkindern unermüdlich hilft. Sein Autobus war und ist immer voll mit Hilfsgütern. Ich weiß nicht, wie er durch die Polizeikontrollen gekommen ist, aber es scheint, dass er auch da seine Verbindungen hat.“[7]

Nichts, aber auch gar nichts deutete zu diesem Zeitpunkt für Außenstehende darauf hin, dass es an diesem Tag noch zu einem Fiasko kommen sollte.

Für Pater Slavko sollte es die letzte hl. Messe sein, und eben deshalb soll aus seiner Predigt ein Gedanke ganz besonders herausgegriffen werden:

„Wenn Gott geglaubt hätte, dass du in einer anderen Zeit in einer anderen Gegend besser hättest leben und dienen können, hätte Er dich nicht hierhergestellt, sondern an einen anderen Platz. Sag nicht, ich an Gottes Stelle, sondern öffne besser die Augen und die Ohren für die Zeit, für die Menschen, mit denen du lebst. Das ist deine erste Aufgabe, dort bis du unersetzlich, dort bist du Gott wichtig, dort kann Gott ohne dich nichts tun.“[8]

Nach dem Gottesdienst führte ihn sein Weg zu „Radio Mir“. Dort gestaltete er die Sendung „Die Stimme der Königin des Friedens“. Es war seine letzte.

Nachmittags um 14 Uhr ging Pater Slavko wie jeden Freitag mit den Einheimischen und einer Pilgergruppe auf den Kreuzberg, um den Kreuzweg zu beten. Mit dabei war seine Mitarbeiterin Rita Falsetto. Das, was nun geschah, hat sich fast unauslöschlich in ihr Gedächtnis eingeprägt:

„Wir kamen herauf, um den Kreuzweg zu beten, und Pater Slavko schloss das Gebet wie üblich ab. Ungewöhnlich war für ihn, dass er nicht wie sonst noch zum großen Kreuz hinaufstieg, um ein Vaterunser oder ein ‚Gegrüßest seist Du Maria' zu beten. Diesmal blieb er bei der Auferstehungsstation stehen und betete dort ein Vaterunser, speziell für die Seelen im Fegefeuer. Die Pilger hatten sich überall verteilt, um sich dem stillen Gebet zuzuwenden. Pater Slavko stieg noch ganz hinauf, stieg ein Mal um das Kreuz herum und kam wieder herunter, wo ich stand. Er machte ein paar Schritte und setzte sich ganz langsam auf den Boden. Als ich zu ihm ging, fiel er erschöpft in meine Arme. Ich habe versucht, seinen Puls zu fühlen, konnte aber nichts mehr spüren. Zur selben Zeit kam ein Arzt herauf, um zu beten. Er sah sich die Augen von Pater Slavko an und sagte, er könne nichts mehr tun. Pater Slavko sei tot."[9]

Der Arzt, der ihr entgegenkam, war Dr. Erich Kuen aus Österreich. Auch er wurde zu einem wichtigen Zeitzeugen und schildert die Geschehnisse so lebendig, wie wenn sie sich erst gestern ereignet hätten:

Abb. 151: Dr. Erich Kuen (nach seiner Priesterweihe)

„Am 24. November hatten wir in Medjugorje sehr schlechtes Wetter, denn es regnete, windete und war kalt, also mit einem Wort, es war einfach unangenehm.

Ich selbst lebte in dieser Zeit in der Gemeinschaft der Seligpreisungen in Medjugorje, um zu sehen, ob dies für mich unter Umständen ein Weg der Berufung sein könnte. Obwohl mich Pater Slavko zum Priesterberuf inspirierte, war ich zu diesem Zeitpunkt noch keineswegs dazu entschlossen. Eigentlich dachte ich eher an eine Heirat und eine Familiengründung.

Aufgrund des schlechten Wetters überlegte ich mir, ob ich an diesem Tag den Kreuzweg zu Hause oder auf dem Kreuzberg beten solle. Schließlich habe ich mich dann doch überwunden und ging gegen 15 Uhr nachmittags allein auf den Berg. Ich wusste, dass Pater Slavko mit seiner Gruppe einige Stationen vor mir war. Auf dem Weg überlegte ich mir, dass er bei jedem noch so schlechten Wetter den Kreuzberg bestieg, also hatte ich eigentlich kein Recht, zu jammern. So fing ich an, den Kreuzweg zu beten.

Als ich etwa bei der 12. Station war, kam ein junger Bursche den Berg heruntergerannt. Ich hielt das für leichtsinnig und gefährlich, da der Weg sehr rutschig war. Weiter oben sah ich nach der 13. Station jemanden zwischen den Steinen liegen bzw. fast sitzen. Erst dachte ich, dass es da einem schlecht geworden war, aber als ich mich näherte, bemerkte ich, dass es Pater Slavko war. Rasch erkannte ich, dass er keinen Puls und keinen Atem mehr hatte und im Sterben lag. Ich vermutete einen schweren Herzinfarkt. Meinem Reanimationsversuch blieb der Erfolg versagt. Pater Slavko war tot! Ich forderte die umstehenden Menschen auf, zu beten, da ich das in diesem Moment für das Wichtigste hielt.

Als wir dort oben standen, fiel mir auf, dass es aufhörte, zu regnen, und dass die Sonne ihre Strahlen in die Unterseite der Wolken ergoss, was wie goldene Girlanden aussah. Die Kirche war ins Sonnenlicht getaucht und auch ein kleiner Regenbogen erschien. Das war selbstverständlich alles natürlich erklärbar, aber der Zeitpunkt war dann doch sehr auffällig. Es hatte fast den Anschein, dass der Himmel ein Fest für Pater Slavko feierte. Ja, und dann fiel mir noch etwas auf, was mir zwar viele nicht auf

Anhieb glauben werden, das sich aber dennoch so zutrug. Ich nahm in der Kapuze des Habits von Pater Slavko einen Granatapfel wahr, der aber nicht real vorhanden war, sondern für mich nur als Vision sichtbar wurde und der auch wieder verschwand. Später habe ich dann recherchiert, was es mit diesem Granatapfel auf sich haben könnte. Dabei fand ich heraus, dass er im Christentum die Kirche, ewiges Leben und die Fruchtbarkeit des Geistes symbolisiert.

Wir entschlossen uns, Pater Slavko ins Tal zu tragen. Zwei Männer umgriffen seine Beine, zwei andere packten seine Oberarme und legten sie um ihre Schultern… Nachdem mehrere Männer in der Gruppe waren, konnten wir uns dabei auch abwechseln.

Seine herunterhängende Hand stieß mehrfach leicht gegen meinen Rücken. Irgendwie hatte ich das Gefühl, Pater Slavko wollte mir damit sagen: ‚Mach mal und werde Priester'. Auf dem Weg wurde kaum geredet, sondern der Schock saß bei allen noch sehr tief.

Auf der Höhe der vierten Station kam uns ein Pater entgegen, der unten bereits von seinem Tod erfahren hatte. Er spendete Pater Slavko noch die Krankensalbung. Nicht lange danach erreichte uns eine vermutlich bosnische Ärztin, die erneut den Tod von Pater Slavko feststellte. Etwas weiter trafen die inzwischen verständigten Rettungskräfte ein, die ihn auf einen ‚Stuhl' setzten und ihn ins Tal trugen. Wohin sie dann den Leichnam brachten, weiß ich nicht, denn ich habe ihn erst wieder abends aufgebahrt gesehen.

Ich selbst wollte mit meiner tiefen Trauer allein sein. In der Kirche habe ich schließlich gebetet, und ich konnte mich nicht dagegen wehren, dass die Tränen aus mir herausgebrochen sind. Mir kam unwillkürlich der Tod von Papst Johannes Paul II. in Erinnerung, der ähnlich emotional war.“[10]

Lassen wir zum Tod von Pater Slavko auch Schwester Deborah zu Wort kommen:

„Um 15 Uhr beteten wir in der Gemeinschaft zunächst den Barmherzigkeitsrosenkranz. Weil der Wind in unsere Richtung wehte, konnte ich die Stimme von Pater Slavko vom Berg herunter aus der Ferne hören. Als ich danach die Kapelle wieder verlassen hatte und mein Zimmer aufsuchte, hörte ich plötzlich eine innere Stimme in mir, die sagte: ‚Geh wieder zur Kapelle'. Ich wehrte mich erst dagegen und sagte mir: ‚Was soll das?', aber die Stimme wiederholte sich: ‚Geh wieder zurück zur Kapelle!'. So ging ich schließlich wieder zur Kapelle und sah auf dem Weg dorthin einen Regenbogen, der sich vom Kreuzberg bis zur Kirche spannte. Es war der Todeszeitpunkt von Pater Slavko.

Abb. 152: Schwester Deborah von der Gemeinschaft „Oasi della pace", Italien

Ich bin mir sicher, dass Pater Slavko seine Todesstunde kannte. Erinnern kann ich mich auch daran, dass ein italienischer Pilger, der sich oft in Medjugorje aufhielt, mir erzählt hat, dass Pater Slavko vor seinem Tod zu ihm gesagt habe: ‚Nicht lebend und nicht sterbend gehe ich von Medjugorje'. In diesem Zusammenhang fällt mir ein Satz ein, den Pater Slavko mehrmals sagte: ‚Man kann nicht immer auf dem Berg Tabor bleiben, sondern man muss heruntersteigen, um auf den Kalvarienberg ‚Golgota' zu gehen.'"[11]

Die Stelle an der Pater Slavko starb, ist heute durch einen Gedenkstein gekennzeichnet:

Abb. 153: Gedenkstein an der Stelle, an der Pater Slavko verstarb

Wir können uns die Erschütterung, die sein Tod bei den Gläubigen in Medjugorje und in der Welt ausgelöst hat, kaum größer vorstellen. Einer der „Hauptmotoren" von Medjugorje war tot.

Abb. 154 und 155: Habit, den Pater Slavko im Zeitpunkt seines Todes trug.

Was weiter geschah, schildert Schwester Deborah:

„Nachdem Pater Slavko vom Berg ins Tal transportiert worden war, wurde er zunächst ins Pfarrhaus gebracht, wo der Leichnam für die Aufbahrung vorbereitet wurde. Nachdem sich ein enger Personenkreis im Pfarrhaus von ihm verabschiedet hatte, wurde er in der Anbetungskapelle aufgebahrt.

Am Sonntag erfolgte schließlich noch die Aufbahrung im Gelben Saal – Papst Johannes Paul II."[12]

Abb. 156: Aufbahrung in der Anbetungskapelle

Abb. 157: Aufbahrung im Gelben Saal – Johannes Paul II.

Inzwischen traf die zu diesem Zeitpunkt noch ahnungslose Angelika Lang mit ihrer Freundin am Flughafen ein, um zum Fastenseminar nach Medjugorje weiterzureisen:

„Am Flughafen holte uns der Sohn des Hauses ab, in dem wir während der Medjugorjeaufenthalte wohnten. Gleich nach der Begrüßung sagte er: ‚Angelika, ich muss Dir etwas Trauriges mitteilen. Der Pater Slavko ist heute Nachmittag gestorben. Er ist am Berg zusammengebrochen und war tot.‘ Für mich war diese Nachricht ein einziger Schock. Ich dachte, mir würde es die Füße unter dem Boden wegziehen. Ich fühlte einfach einen ganz tiefen Schmerz.

Als wir nach Medjugorje kamen, bin ich ins Pfarrhaus gegangen. Ich hatte ja über die Jahre hinweg viele Menschen in Medjugorje kennengelernt, und ich wollte einfach sehen, wie es denen nun nach der Todesnachricht geht. Mir begegnete dann gleich die Seherin Marija, die total tränenüberströmt war. Ich habe bei den Menschen eine Verzweiflung und eine tiefe Trauer wahrgenommen.

Pater Slavko wurde schließlich in der Kapelle gegenüber dem Pfarrhaus aufgebahrt. Ströme von Menschen sind dort ein- und ausgegangen. Menschen haben sich teilweise über den Sarg gehängt und geweint. Ich habe Männer gesehen, wirklich ‚Haudegen‘ von Männern, die über dem Sarg gelegen waren und ihren Tränen freien Lauf ließen. Es war so eine Erschütterung, so eine Verzweiflung in den Gesichtern der Menschen. Sie waren ohne Übertreibung komplett durcheinander. Ich hatte so etwas noch nie gesehen. Dies wird nur verständlich, wenn man Pater Slavko kannte und wusste, wie er auf Menschen wirkte. Er war für die Menschen wie ein Fels.“[13]

Einen Tag später, am 25. November 2000, kam es zu einer erneuten Erscheinung der Gospa und was sie dabei sagte, bestätigte das, was viele Menschen ohnehin geglaubt haben:

„Liebe Kinder! Heute, wenn der Himmel euch in einer besonderen Weise nahe ist, rufe ich euch zum Gebet auf, damit ihr durch das Gebet, Gott auf den ersten Platz stellen könnt. Meine lieben Kinder, heute bin ich euch nahe, und ich segne jeden von euch mit meinem mütterlichen Segen, damit ihr Stärke und Liebe für alle Menschen habt, denen ihr in eurem irdischen Leben begegnet, und damit ihr die Liebe Gottes weitergeben könnt. Ich freue mich mit euch, und ich möchte euch sagen, dass euer Bruder Slavko in den Himmel geboren wurde und für euch Fürsprache hält. Danke, dass ihr meinem Ruf gefolgt seid."[1]

Abb. 158: Statue der Gospa

Die Seherin Marija Pavlović-Lunetti hat es wunderbar ausgedrückt, was diese Botschaft zu bedeuten hatte:

„Die Gospa hat ihn am 25. einfach gleich heiliggesprochen. Er war ein Mensch, der ihre Botschaften wirklich aufrichtig gelebt hat, und so ist er unmittelbar in die Heiligkeit hineingewachsen."[15]

Wenn wir uns an dieser Stelle noch einmal die Frage stellen, ob Pater Slavko mystische Erfahrungen hatte, dann dürfen wir diese wohl mit einem „Ja" beantworten. Die Ereignisse rund um seinen Tod sind außergewöhnlich. Jedes davon einzeln betrachtet, vermag nüchtern denkende Menschen vermutlich noch nicht unbedingt zu überzeugen, aber die Summe aller Ereignisse lassen keinen anderen Schluss zu. Pater Slavko wusste um seinen bevorstehenden Tod und dieses Wissen konnte er nur vom Himmel erfahren haben.

Unzählige Menschen nahmen Abschied von Pater Slavko.

Am 26. November 2000, einem regnerischen Tag, fand die Beisetzung statt. Erstaunlich war, dass sie vom Bischof von Mostar, Dr. Ratko Perić, geleitet wurde. In Anbetracht der zunehmenden Auseinandersetzungen zwischen ihm und Pater Slavko erschien es wie eine Versöhnung im Tod.

Abb. 159: Bischof Dr. Ratko Perić (2013)

Die Messe für Pater Slavko wurde am Freialtar vor einer riesigen Menschenmenge zelebriert. Sein blumengeschmückter Sarg war vor dem Altar aufgebahrt. Auch die Seher waren unter den trauernden Menschen.

Abb. 160: Der aufgebahrte Sarg vor dem Freialtar

Für eine Mutter gibt es kaum etwas Schlimmeres, als das eigene Kind beerdigen zu müssen. Die 87-jährige Mutter von Slavko Barbarić konnte diesen Schicksalsschlag wohl nur in ihrem tiefen Glauben ertragen, wenngleich sie Leid in ihrem Leben gewohnt war, wie Pater Ivan Landeka schildert:

„Ich habe seine Mutter gut gekannt. Einige Jahre vorher verlor sie bereits eine Tochter, also eine Schwester von Pater Slavko. Auch ihr Mann starb ja schon sehr früh. Beim Tod von Slavko war sie sehr traurig und betroffen, aber die Mütter verkraften das viel besser als die Väter. Ich glaube, dass sie einer dieser Menschen war, die durch Leid gelernt haben, dieses anzunehmen. Ihr Glaube hat sie durch diese schweren Stunden hindurch getragen."[16]

Abb. 161: Für die Mutter (stehend, 2. von links) war es eine besonders schwere Stunde

Von den bewegenden Trauerreden können nur einige auszugsweise wiedergegeben werden. Sie konnten nicht alles ausdrücken, was Pater Slavko für die Sache der Gospa und für seine Mitmenschen getan hatte.

Bischof Dr. Ratko Perić nahm in seinen Einführungsworten auch Bezug auf den plötzlichen Tod von Pater Slavko:

Abb. 162: Bischof Dr. Ratko Perić stand dem Requiem vor.

„Gott aber hat das Recht, von dieser Welt zu sich in die ewige Heimat zu rufen, wen Er will, wann Er will, von welchem Ort auch Er will, und auf die Art und Weise wie Er es will. Er konsultiert sich mit niemandem über unseren Tod, Er amnestiert niemanden vom Tod. Er ist der Schöpfer unseres Leibes wie auch unserer Seele, der absolute Herrscher über die Zeit und die Ewigkeit, über den materiellen Raum und die geistlichen Sphären, und deshalb stehen wir alle vor Gott in der Haltung der Demut und des Glaubens. Vor dem Ruf Gottes verstummen alle menschlichen Einwände und Geschichten."[17]

Dr. Tomislav Pervan, der damalige Provinzial der herzegowinischen Franziskanerprovinz, fand sehr anerkennende Worte für seinen Mitbruder, namentlich für dessen enormes Arbeitspensum:

„Er beendete seinen Lebensweg dort, wohin er so gerne ging: auf dem Kreuzberg... Ich kann jedoch hier mit vollem Recht und aus eigener Erfahrung, aber auch mit Ihrer Billigung sagen, dass hier vor uns ein Leben ausgebreitet ist, dass menschlich gesehen, nicht nur ein, sondern drei Leben gelebt hat. Nicht zwei, sondern drei, denn dieses Leben kannte keine Müdigkeit, keine Pause, keine Erholung, legte sich niemals vor Mitternacht nieder und erwartete niemals den Sonnenaufgang in seinem Zimmer... zu allen möglichen Zeiten stand er vor allen anderen auf und ging beten. Manchmal sagte er, dass die Morgenstunden die einzige Zeit sei, die ihm persönlich und als Priester am Tag bleibt... Das Herz konnte es nicht mehr aushalten. Und Pater Slavko hatte ein Herz, das er bis zum Ende verausgabt hat. Er hatte nie Zeit, an sich zu denken, an seine Gesundheit, an Krankheiten, er hat nie über etwas geklagt, das ihn bedrückte und war doch von zerbrechlicher Gesundheit, vor allem im Winter. Vor lauter Arbeit, die er übernommen hatte, die ihn tagtäglich erschöpfte, fand er keine Erholung für sich. So trug er sein Kreuz und seit zwanzig Jahren das Kreuz Medjugorjes auf seinen und unseren Kreuzberg und hier, unter dem Kreuz des Herrn, legte er sein Kreuz nieder, um in die Ewigkeit einzugehen... Pater Slavko hat sein Leben für alle gegeben, besonders liebte er diejenigen, die von niemandem geliebt wurden, verlassen und verwahrlost, von der Sünde und dem menschlichen Hass tief verletzt. Er tröstete, verband Wunden, half, nahm auf. Er dachte nicht an sich. Deshalb ist er so früh gegangen, weil er sich vollkommen verausgabt hat...“[18]

Magdalena Pajic war ein Mädchen aus dem Mutterdorf, die für alle sprach, die dort ein Zuhause gefunden hatten oder im Dorf arbeiteten. Ihre Ansprache strahlte viel Dankbarkeit aus:

„Viele von uns begreifen noch nicht, was sich zugetragen hat, viele werden sich auch nicht an Deine Gestalt erinnern, aber uns alle erfüllt neben dem Schmerz und der stillen Wut ein Wunsch, der Wunsch, Dir unseren großen Dank auszusprechen. Danke, Fra Slavko, dass Du die Idee hattest, Majčino selo zu gründen, danke,

denn Du hast Dich nicht gefürchtet, uns, die wir so unterschiedlich sind, aufzunehmen. Danke, weil Du uns Lebensmut gelehrt hast… Danke, weil auch wir gesehen haben, dass die Spielsachen Farbe haben, dass Nutella süß ist, und dass für die Wippe zwei nötig sind. Danke, dass auch wir zur Kommunion wie die anderen Kinder in weißen Kleidern gehen konnten. Danke, dass Du uns gelehrt hast, wie man die Muttergottes liebt und zu Gott betet, danke, weil wir trotz allem entdeckt haben, was das Wort Liebe bedeutet. Während alle anderen bei der Begegnung mit uns sagten: Die Zeit heilt alles, hast nur Du und jetzt Dein Tod uns gesagt, dass die Zeit eine reine Mitreisende ist, während nur die Liebe alles heilt… Sicher würden wir uns fürchten, wenn wir fortfahren würden, auf Dich zu warten. Warte Du lieber auf uns. Du bist ohnehin schon im Himmelreich und während wir zusehen, wie Du den Weg gehst, uns den Rücken zugewandt und leicht vorgebeugt aus Majčino selo fortgehst, sagen wir zum ersten Mal nicht mehr: Fra Slavko, lebe wohl, sondern mit wundem Herzen, reiner Kinderseele und einer Stimme voll Begeisterung sagen wir: Auf Wiedersehen und danke, lieber Fra Slavko!“[19]

Milona von Habsburg war eine der engsten Mitarbeiterinnen des Franziskanerpaters. Sie bringt es auf den Punkt:

„Du bist mit dem Geschenk vor Maria, deine Mutter und Königin hingetreten, mit dem sie dich erwartet hat. Die Heiligkeit. Also ist es wohl nicht so schwer. Wenn ich dich anschaue: Mit dem Herzen beten, gehorchen, die Gnade Gottes im Leben annehmen, dienen, nicht herrschen; treu sein, ausharren, fasten und beten, sich durchkämpfen, wo es geht, lieben, lieben, lieben und nicht vergessen sich zu freuen, Gott zu loben und lachen zu können. Ja Slavko, dein Leben hat deutlich eine Spur hinterlassen: Du fehlst und du bist überall dabei und hilfst allen, die dich darum bitten. Wahrscheinlich hilfst du besonders jenen, die dich nicht bitten, da sie es brauchen. Du liebst jeden von uns mehr denn je. Und wir lieben dich. Früher oder später sehen wir uns alle wieder, um in Ewigkeit unseren Gott zu preisen, zu loben und anzubeten. Chef, noch eine

letzte Frage: Hättest du je gedacht, dass die Mutter Gottes über dich sprechen würde in einer Botschaft vom 25.?“[20]

Im Anschluss an das Requiem fand die Beisetzung statt.

Abb. 163 und 164: Die Mitbrüder tragen den Sarg von Pater Slavko

Rund 15.000 Menschen hatten zur Beisetzung den Weg nach Medjugorje gefunden. Und so begleitete ein fast unüberschaubarer Trauerzug nach dem Requiem den Sarg zum Friedhof von Medjugorje, wo er seine letzte Ruhestätte fand. Jeder in diesem Zug empfand wohl eine tiefe Trauer, aber auch Dankbarkeit darüber, dass Pater Slavko unter ihnen gelebt hatte.

Abb. 165 und 166: Trauerzug zum Friedhof

Während des Begräbnisses regnete es, so dass sich ein Heer von Regenschirmen über den Trauernden ausbreitete.

Abb. 167: Während der Beisetzung regnete es.
Abb. 168: Die Mitbrüder geleiten den Sarg zum Grab.

Am Grab kam es zu einem bewegenden und ergreifenden Abschied des Sehers Jakov Čolo, der im Namen aller Seherinnen und Seher sprach:

„Wie sollten wir uns nicht an all die Jahre erinnern, die wir gemeinsam verbracht haben: an jedes unserer gemeinsamen Gespräche, an jedes gemeinsame Gebet und an alles, was wir gemeinsam erlebt haben? Wie sollten wir uns nicht an jedes Deiner Opfer und an jeden Deiner Kämpfe für uns erinnern? Wie uns nicht an Deine Güte und an Deine Liebe zu uns erinnern? Oft hast Du uns gesagt: ‚Wisst Ihr, dass ich Euch liebe?!' Wir haben diese Liebe so viele Male und auf so viele Weisen gefühlt. Wir erinnern uns an so viele Deiner Worte. Oft hast Du uns nach der Erscheinung gefragt: ‚Wie geht es unserer Muttergottes?' Du bist, Bruder, jetzt bei ihr, Du, der Du ihr Dein Leben geweiht hast, Du, der Du alles unternommen hast, damit alle ihre Liebe und ihre Güte kennen lernen. Diese Liebe und Güte war tatsächlich in Dir, das konnte jeder erfahren, der Dich kennen gelernt hat. Wir danken Dir, lieber Bruder, für Deine Unterstützung, die wir so viele Male nötig hatten. Du hast sie uns in jedem Augenblick gegeben. Wir danken Dir für jeden Rat, den Du uns gegeben hast, als wir ihn am meisten benötigten. Danke Dir, dass Du uns durch unser geistiges Leben geleitet hast und uns durch das Gebet in unserem privaten Leben geholfen hast. Danke Dir für jeden Deiner Besuche bei uns zu Hause, der so viel Segen und so

viel Freude in unsere Familien gebracht hat. Danke Dir für jedes Spiel mit unseren Kindern, die selbst den echten und wahren Freund zu erkennen wussten. Heute, lieber Freund, weinen wir, aber gleichzeitig freuen wir uns, denn Du bist bei ihr, die Du so maßlos geliebt und ihr Dein Leben geweiht hast, und das ist die Muttergottes. Dein Werk, Deine Güte und Liebe werden immer in uns leben, und Du lieber Bruder, bete immer für uns und wache über uns. Jetzt sagen wir Dir das, Bruder, was Du uns immer gesagt hast: Weißt Du Bruder, wie sehr wir Dich lieben?

Dein/Deine Jakov, Ivan, Mirjana, Ivanka, Vicka und Marija"[21]

Abb. 169: Grab von Pater Slavko Barbarić und Bruder Križan Galić

Neben ihm im Grab liegt ein Märtyrer, der Franziskanerbruder Križan Galić. Er wurde am 31. Oktober 1944 im Pfarrhaus in Medjugorje mit einer Bombe durch die Partisanen ermordet.

21 Verehrung durch die Nachwelt, Seligsprechungsverfahren

Wer das Leben von Pater Slavko vor seinem geistigen Auge Revue passieren lässt, den verwundert es nicht, dass der Franziskaner durch die Nachwelt eine sehr hohe Verehrung genießt.

Bereits zum ersten Jahrtag seines Todes brachte die Kroatische Post Mostar eine Briefmarke im Nennwert von 0,80 KM (konvertible Mark) heraus. 2005 kam erneut eine Briefmarke mit seinem Portrait auf den Markt, aber nun mit einem Nennwert von 1,00 KM. Schließlich folgte 2010 die dritte, ebenfalls mit 1,00 KM Nennwert.

Abb. 170: Briefmarke von 2001

Abb. 171: Briefmarke von 2005

Abb. 172: Briefmarke von 2010

Pater Slavko war ein Priester und Seelsorger, dessen Leben sich jeder andere zum Vorbild nehmen kann. Diejenigen, die ihn näher kannten, bezeugen dies uneingeschränkt, so beispielsweise Pater Jozo Zovko, der um seines Glaubens willen viel gelitten hat:

„Ein heiliger Priester, ein großer Priester! Er ist ein Licht geworden, ein Weg geworden, ein gutes Beispiel geworden, ein Missionar, ein Bruder, eine Inspiration. Das ist wunderbar… Es war sein Weg, auf diese Weise in die Geschichte einzugehen – vom kleinen, unbedeutenden Werk, das er in seinen Pfarreien begonnen hat bis zu seinem großartigen apostolischen Wirken, das letztlich für die ganze Welt von Bedeutung war. Die Reaktion der Massenmedien sprechen für sich. Pater Slavko gilt als Apostel auf allen Kontinenten, in allen Kulturen, bei allen Völkern.“[1]

Auch die Seherin Mirjana Dragičević-Soldo legt davon Zeugnis ab:

„Auch ich halte ihn für einen Heiligen. Wenn ich mir sein ganzes Leben ansehe, wie er gelebt hat, seine Werke und alles, dann wird mir klar: Wenn überhaupt irgendjemand heilig sein kann, dann er!"[2]

Schließlich ist die Tatsache, dass Pater Slavkos Grab jeden Tag von zahlreichen Menschen besucht wird, die ihn um Fürsprache bitten, ein weiterer Beleg für die starke öffentliche Verehrung seiner Person.

Was liegt bei solch einem Menschen näher als der Gedanke an eine Seligsprechung? Nicht umsonst wird ein solches Verfahren mit Akribie durchgeführt, denn Fehlurteile darf es in diesem Bereich nicht geben.

Der Hl. Papst Johannes Paul II. hat den Ablauf eines Seligsprechungsprozesses mit der Apostolischen Konstitution „Divinus perfectionis Magister" vom 25. Januar 1983 geregelt, und Papst Franziskus nahm mit dem Apostolischen Schreiben „Maiorem hac dilectionem" vom 11. Juli 2017 Ergänzungen bzw. Änderungen vor.

Im Wesentlichen gibt es drei Wege, um zur Ehre der Altäre zu gelangen. Da ist zum einen der Tod als Märtyrer und zum anderen die Erreichung eines heroischen Tugendgrades. Die dritte Möglichkeit ist schließlich die Hingabe des Lebens. Damit sind Christen gemeint, die aus Nächstenliebe und Liebe zu Gott „frei und freiwillig" ihr Leben für andere hingaben.

Für Pater Slavko würde der Weg zur Seligsprechung über den heroischen Tugendgrad führen. Damit müsste nachgewiesen werden, dass er in erster Linie die christlichen Tugenden des Glaubens, der Hoffnung und der Liebe sowie die Kardinaltugenden der Tapferkeit, der Mäßigung, der Weisheit und der Gerechtigkeit heroisch, d.h. in überdurchschnittlichem Maße gelebt hat.

Neben dem heroischen Tugendgrad bedarf es zur Seligsprechung aber auch der Anerkennung eines Wunders, das sich auf Fürsprache von Pater Slavko nach dessen Ableben ereignet haben muss.

Ob ein förmliches Seligsprechungsverfahren letztendlich dann auch eingeleitet wird, liegt in der Entscheidungskompetenz des Ortsbischofs, in dessen Diözese der Sterbeort liegt.

Es ist nicht verwunderlich, dass sich inzwischen viele Gläubige einer Initiative angeschlossen haben, die eine Seligsprechung des Franziskaners anstrengt.

Der Autor bittet die Leserschaft nach der Lektüre dieses Buches um das Gebet für die Seligsprechung von Pater Dr. Slavko Barbarić. Möge er eines Tages zur Ehre der Altäre erhoben werden.

Literaturverzeichnis

Barbarić, Slavko: Beichte, Gib mir dein verwundetes Herz, Medjugorje-Buchreihe Band 2, 3. Auflage, Gebetsaktion Medjugorje, Wien, 1995

Barbarić, Slavko: Eucharistie, Medjugorje-Buchreihe Band 5, 6. Auflage, Gebetsaktion Medjugorje, Wien, 2019

Barbarić, Slavko: Fasten, Medjugorje-Buchreihe Band 1, 4. Auflage, Gebetsaktion Medjugorje, Wien, 2018

Barbarić, Slavko: Folge mir mit deinem Herzen, 1. Auflage, Informativini Centar „MIR" Medjugorje, Medjugorje, 2001

Barbarić, Slavko: Folgt mir auf dem Weg der Heiligkeit, Gedanken zu den Monatsbotschaften der Muttergottes in Medjugorje (1990 bis 1994), Band I, 1, deutschsprachige Auflage, Informativini Centar „MIR" Medjugorje, Medjugorje, 2002

Barbarić, Slavko: Gebetbuch für Medjugorje-Pilger, Medjugorje-Buchreihe Band 6, 3. Auflage, Gebetsaktion Medjugorje, Wien, 1994

Barbarić, Slavko: Mit dem Herzen fasten, 2. Auflage, Gebetsaktion Medjugorje, Wien, 2002

Barbarić, Slavko: Perlen des verwundeten Herzens, Medjugorje-Buchreihe Band 16, 3. Auflage, Gebetsaktion Medjugorje, Wien, 1999

Barbarić, Slavko: Schule der Liebe, Medjugorje-Buchreihe 7, 7. Auflage, Gebetsaktion Medjugorje, Wien, 2007

Barbarić, Slavko: Umkehr als fundamentale Lehr- und Lernaufgabe christlicher Erwachsenenbildung, Theologische Grundlegung, kritische Analyse der theologisch-andragogischen Literatur und empirisch-analytische Untersuchung der Cursillo-Bewegung im deutschsprachigen Raum, 1. Auflage, Verlag Peter Lang, Frankfurt am Main, 1985

Breid, Franz (Herausgeber im Auftrag des Linzer Priesterkreises): Buße – Umkehr, Formen der Vergebung, Referate der „Internationalen Theologischen Sommerakademie 1991" des Linzer Priesterkreises, 1. Auflage, W. Ennsthaler Verlag, Steyr, 1992

Franziskanerkloster Humac: Zbornik „Kršni zavičaj“ broj. 33., 1. Auflage, 2000

Gebetsaktion Maria Königin des Friedens: Medjugorje spezial 2, Das Leben von Pater Slavko Barbarić, Medjugorje, Wien, 2021

Gebetsaktion Medjugorje: Begegnungen mit Pater Jozo Zovko, 1. Auflage, Gebetsaktion Medjugorje, Wien, 2004

Gebetsaktion Medjugorje: Medjugorje und Pater Slavko Barbarić, 2. Auflage, Gebetsaktion Medjugorje, Wien, 2018

Gebetsaktion Medjugorje: 18 Jahre Erscheinungen, 1. Auflage, Gebetsaktion Medjugorje, Wien, 1999

Gebetsaktion Medjugorje: 19 Jahre Erscheinungen, 1. Auflage, Gebetsaktion Medjugorje, Wien, 2000

Gebetsaktion Medjugorje: 20 Jahre Erscheinungen, 1. Auflage, Gebetsaktion Medjugorje, Wien, 2001

Lauretin, René: 15 Jahre Erscheinungen, 1. Auflage in deutscher Sprache, Gebetsaktion Medjugorje, Wien, 1997

Lauretin, René: 16 Jahre Erscheinungen, 1. Auflage in deutscher Sprache, Gebetsaktion Medjugorje, Wien, 1998

Lauretin, René: 17 Jahre Erscheinungen, 1. Auflage in deutscher Sprache, Gebetsaktion Medjugorje, Wien, 1999

Libal, Wolfgang: DS Ende Jugoslawiens, Selbstzerstörung, Krieg und Ohnmacht der Welt, 2., erw. und aktualisierte Auflage, Europa Verlag GesmbH, Wien, 1991, 1993

Mutter Elvira: Die Umarmung, Die Geschichte der Gemeinschaft Cenacolo, 3. Auflage der deutschsprachigen Ausgabe, Media Maria Verlag, Illertissen, 2019

Resch, Andreas: Die Seher von Medjugorje im Griff der Wissenschaft, RESCH VERLAG INNSBRUCK, 2005

Šakota, Marinko: In der Schule der Königin des Friedens, 1. Auflage, Informativini Centar „MIR“ Medjugorje, Medjugorje, 2022

Šakota, Marinko: Mit dem Herzen leben, Fra Slavko Barbarić Person und Werk, Informativini Centar „MIR“ Medjugorje, Medjugorje, 2015

Schwester Emmanuel: Medjugorje, Der Krieg Tag für Tag, 2. Auflage der deutschsprachigen Ausgabe, Parvis-Verlag, Hauteville (CH), 1993

Šego, Krešimir: Pater Slavko, Informativini Centar „MIR“ Medjugorje, Medjugorje, 2009

Sivric, Marijan - Scepanovic, Ivo: Medjugorje, Jahrzehnte eines Phänomens, alles von A bus Z, 1. deutschsprachige Auflage, Tiberias Verlag, Medjugorje, 2012

Verein Familienkongreß, Wien: 12. Internationaler Familienkongress Wien Oktober 1988, 4. Tag

Vicka mit Don Michele Barone: Mit Maria in Medjugorje, Zeugnis der bekannten Seherin von Medjugorje, 1. Auflage in deutscher Sprache, Parvis-Verlag, Hauteville (CH), 2017

Vlašić, Tomislav und Barbarić, Slavko: Ansprachen (Juli bis Dezember 1985), Ausgabe in deutscher Sprache vom 5. August 1994, Associazione Amici di Medjugorje, Milano, 1994

Weible, Wayne: Endgültige Ernte, Erfüllung der außerordentlichen Erscheinungen der Heiligen Jungfrau Maria in Medjugorje, 1. deutschsprachige Ausgabe, Gebetsaktion Medjugorje, Wien, 2002

Weible, Wayne: Medjugorje, Die Botschaft, 3. deutschsprachige Ausgabe, Gebetsaktion Medjugorje, Wien, 2001

Weible, Wayne: Medjugorje, Die Mission, 2. deutschsprachige Ausgabe, Gebetsaktion Medjugorje, Wien, 2011

Zeitungen, Zeitschriften, Magazine und Literatur aus Internetseiten finden sich in den Anmerkungen.

Anmerkungen

Soweit Zitate aus der Zeit vor der Rechtschreibreform stammen, wurden sie vom Autor in die heute gültige Form transformiert.

Einführung

1 Barbarić, Slavko, in: Betet mit dem Herzen, 1. Auflage in deutscher Sprache, S. 49

Kindheit und Schulzeit

1 https://en.wikipedia.org/wiki/Dragi%C4%87ina,_%C4%8Citluk, abgegriffen am 15.04.2023

2-10 Zeitzeugenaussage von Sofija Soldo, Medjugorje, vom 29.11.2022, Interview durch Rudolf Baier, Übersetzung durch Frau Vikica Dodig

Entscheidung für den Franziskanerorden, Abitur

1 Zeitzeugenaussage von Sofija Soldo, Medjugorje, vom 29.11.2022,
Interview durch Rudolf Baier, Übersetzung durch Vikica Dodig

2 Zeitzeugenaussage von Schwägerin Elisa im Video: Im Auftrag der Gospa, Pater Slavko, Filmgruppe München, 2004, veröffentlicht auch in: https://www.youtube.com/watch?v=iHOf3oSrk2g, abgegriffen am 15.04.2023

Studium in Visoko

1 https://de.wikipedia.org/wiki/Visoko, abgegriffen am 15.04.2023

Studium in Sarajevo und Schwaz

1 Prof. Dr. Rupčić, Ljudevit: Medjugorje, Heft 60, Gebetsaktion Medjugorje, Wien, S. 44

2 https://de.wikipedia.org/wiki/Schwaz, abgegriffen am 01.05.2023

3 Zeitzeugenaussage eines ehemaligen Mitbruders gegenüber dem Autor vom 20.09.2022

Priesterweihe in Reutte/Tirol

1 https://www.heilig-geist-guenzburg.de/media/content/5/2013_Pfingsten.pdf, abgegriffen am 01.05.2023

Seelsorger in Frohnleiten, Studium und Magister in Graz

1 https://de.wikipedia.org/wiki/Frohnleiten, abgegriffen am 29.04.2023

2 Barbarić, Slavko: Verkündigung als Ereignis in der Gemeinde, Diplomarbeit zur Erlangung des Magisters an der Universität Graz, S. 70

Kaplan in Capljina

1 Vasilj, Ivanka in: https://www.youtube.com/watch?v=asBJBwBl1Rs, abgegriffen am 05.03.2023

Studium in Freiburg i.Br., Promotion

1 Barbarić, Slavko: Vorwort der Dissertation „Umkehr als fundamentale Lehr- und Lernaufgabe christlicher Erwachsenenbildung"

2 Prof. Biemer, Günter, Auszug aus dem Gutachten zur Dissertation, enthalten in der Promotionsakte des Universitätsarchivs der Albert-Ludwigs-Universität Freiburg

3 Gesetz über den Beruf der Psychotherapeutin und des Psychotherapeuten (Psychotherapeutengesetz - PsychThG) vom 15. November 2019 (BGBl. I S. 1604), geändert durch Artikel 17 des Gesetzes vom 19. Mai 2020 (BGBl. I S. 1018)

4 Zeitzeugenaussage von Herrn Bruder Bernardin Marker vom 21.04.2023

Erscheinungen in Medjugorje

1 Zovko, Jozo: Begegnungen mit Pater Jozo Zovko, Gebetsaktion Medjugorje, Wien, S. 56/57

2 Zovko, Jozo: Begegnungen mit Pater Jozo Zovko, Gebetsaktion Medjugorje, Wien, S. 63

3 Dr. Glamuzina, Darinka in: https://www.spiritofmedjugorje.org/, abgegriffen am 09.06.2023

4 Zovko, Jozo: Begegnungen mit Pater Jozo Zovko, Gebetsaktion Medjugorje,Wien, S. 64

5 Ebd., S. 64/65

6 Ebd., S. 65/66

7 Ebd., S. 67

8 Sivric, Marijan: Medjugorje, Jahrzehnte eines Phänomens, alles von A bis Z, S. 46

9 Zovko, Jozo: Begegnungen mit Pater Jozo Zovko, Gebetsaktion Medjugorje, Wien, S. 79

Pater Slavko und die Seher

1 Zovko, Jozo in: Begegnungen mit Pater Jozo Zovko, Gebetsaktion Medjugorje, Wien, S.118

2 Zeitzeugenaussage von Herrn Pater Dietrich von Stockhausen vom 10.01.2023

3 Barbarić, Slavko in: Kirchenzeitung Köln 4/94, S. 16

4 Zeitzeugenaussage von Herrn Pater Dietrich von Stockhausen vom 10.01.2023

5 Zeitzeugenaussage von Herrn Dr. Maximilian Domej vom 01.03.2023

6 Ilić, Zarko in: Kršni zavičaj Nr. 33, S. 271

7 Resch, Andreas: Die Seher von Medjugorje im Griff der Wissenschaft, S. 16/17

8 Resch, Andreas: Die Seher von Medjugorje im Griff der Wissenschaft, S. 20

9 Resch, Andreas: Die Seher von Medjugorje im Griff der Wissenschaft, S. 135

10 Ebd.

11 Zeitzeugenaussage von Herrn Dr. Maximilian Domej vom 01.03.2023

12 Zeitzeugenaussage von Frau Vikica Dodig vom 02.03.2023

Eine besondere Schule – die fünf Steine

1 Barbarić, Slavko: Betet mit dem Herzen, S. 181

2 Barbarić, Slavko: Betet meinen Sohn mit dem Herzen an, S. 8 und 10

3 Barbarić, Slavko : Gebt Euch mir völlig hin, S. 193

4 Barbarić, Slavko in: Ich flehe euch an: befolgt meine Botschaften und lebt danach, S. 203

5 Barbarić, Slavko in: Öffnet Eure Herzen Maria, der „Königin des Friedens", S. 152

6 Barbarić, Slavko in: Ich flehe euch an: Befolgt meine Botschaften und lebt danach, S. 131

7 Ebd., S. 203

8 Ebd., S. 76

9 Barbarić, Slavko: Betet meinen Sohn mit dem Herzen an, S. 14-18

10 Barbarić, Slavko: Öffnet Eure Herzen Maria, der „Königin des Friedens", S. 106 und 108

11 Barbarić, Slavko, Medjugorje, Heft 49, Gebetsaktion Medjugorje, Wien, S. 21

12 Gebetsaktion Medjugorje: Betet mit dem Herzen, Ansprachen von P. Tomislav Vlasic und P. Slavko Barbarić, S. 65

13 Barbarić, Slavko, Fasten, S. 10

14 Ebd., S. 27-29

15 Ebd., S. 33

16 Ebd., S. 36

17 Zeitzeugenaussage von Frau Angelika Lang vom 21.01.2023

18 Barbarić, Slavko: Beichte, Gib mir dein verwundetes Herz, S. 33

19 Ebd., S. 16

20 Ebd., S. 63-64

21 Zeitzeugenaussage von Frau Angelika Lang vom 21.01.2023

22 II. Vatikanisches Konzil, Dogmatische Konstitution über die Kirche Lumen gentium, 11

23 Pater Pio, entnommen aus: https://gloria.tv/post/RnUaqBN-p9gDP4UcuN2EvaYaUs/replies, abgegriffen am 12.02.2023

24 Aussage von Pater Pio

25 Barbarić, Slavko in einem Vortrag

26 Barbarić, Slavko: Eucharistie, S. 15/16

27 Ebd., S. 77/78

28 Zeitzeugenaussage von Herrn Pater Dietrich von Stockhausen vom 10.01.2023

29 Zeitzeugenaussage von Pater Markus Schlichthärle vom 21.12.2022

30 Von Habsburg, Milona in: https://www.youtube.com/watch?v=z3aZxxEobC0, abgegriffen am 29.01.2023

Das Jugendfestival

1 Zeitzeugenaussage von Frau Vikica Dodig vom 02.03.2023

2 Zeitzeugenaussage von Frau Bernadette Lang vom 25.11.2022

3 Zeitzeugenaussage von Frau Angelika Lang vom 21.01.2023

Globetrotter für Medjugorje

1 Zeitzeugenaussage von Herrn Alfred Heck vom 16.11.2022

2 Zeitzeugenaussage von Pater Ignaz Domej vom 24.04.2023

3 Ebd.

4 Zeitzeugenaussage von Pater Dietrich von Stockhausen vom 10.01.2023

5 Zeitzeugenaussage von Frau Vikica Dodig vom 02.03.2023

6 Zeitzeugenaussage von Herrn Peter Späth vom 19.02.2023

Ein 24-Stunden-Seelsorger auf dem Weg zur Heiligkeit

1 Barbarić, Slavko in: https://slavkoBarbarić.de/sein-leben/zitate, abgegriffen am 05.03.2023

2 Zeitzeugenaussage von Herrn Pater Ivan Landeka vom 06.04.2023

3 Zeitzeugenaussage von Herrn Pater Dietrich von Stockhausen vom 10.01.2023

4 Von Habsburg, Milona in: https://www.youtube.com/watch?v=z3aZxxEobC0, abgegriffen am 13.02.2023

5 Zeitzeugenaussage von Pater Dietrich von Stockhausen vom 10.01.2023

6 Von Habsburg, Milona in: https://www.youtube.com/watch?v=z3aZxxEobC0, abgegriffen am 13.02.2023

7 Zeitzeugenaussage von Frau Sylvia Keller vom 25.03.2023

8 Zeitzeugenaussage von Herrn Pater Dietrich von Stockhausen vom 10.01.2023

9 Zeitzeugenaussage von Frau Sofija Soldo vom 29.11.2022

10 Barbarić, Slavko in: Medjugorje und Pater Slavko Barbarić, Gebetsaktion Medjugorje Wien, S. 72

11 Zeitzeugenaussage von Frau Maria Elfriede Lang-Pertl vom 18.01.2023

12 Von Habsburg, Milona in: https://www.youtube.com/watch?v=z3aZxxEobC0, abgegriffen am 13.02.2023

13 Ebd.

14 Zeitzeugenaussage von Frau Angelika Lang vom 21.01.2023

15 Von Habsburg, Milona in: https://www.youtube.com/watch?v=z3aZxxEobC0, abgegriffen am 13.02.2023

16 Ebd.

17 Zeitzeugenaussage von Herrn Dr. Maximilian Domej vom 01.03.2023

18 Von Habsburg, Milona in: https://www.youtube.com/watch?v=z3aZxxEobC0, abgegriffen am 14.02.2023

19 Ebd.

Krieg in Jugoslawien

1 Calic, Marie-Janine in Kleine Geschichte Jugoslawiens vom 29.09.2017, wiedergegeben in: https://www.bpb.de/shop/zeitschriften/apuz/256921/kleine-geschichte-jugoslawiens/, abgegriffen am 01.05.2023

2 Sundhaussen, Holm: Der Zerfall Jugoslawiens und dessen Folgen, 2008, wiedergegeben in: https://www.bpb.de/shop/zeit-

schriften/apuz/31042/der-zerfall-jugoslawiens-und-dessen-folgen/, abgegriffen am 07.03.2023

3 Barbarić, Slavko in: Pater Slavko Barbarić, sein Leben, sein Weg, sein Werk (Filmgruppe München)

4 Zeitzeugenaussage von Herrn Hubert Liebherr vom 19.02.2023

5 Ebd.

6 Zeitzeugenaussage von Frau Vikica Dodig vom 02.03.2023

7 Zeitzeugenaussage von Herrn Franz Josef Gollowitsch vom 02.02.2023

8 Zeitzeugenaussage von Frau Angelika Lang vom 21.01.2023

Das Mutterdorf

1 Barbarić, Slavko in: FilmGruppeMünchen, Im Auftrag der Gospa, Pater Slavko, 2004

2 Zeitzeugenaussage von Frau Irma Schwitter vom 06.03.2023

3 Zeitzeugenaussage von Frau Vikica Dodig vom 02.03.2023

4 Ebd.

5 Soldo, Marco in: https://www.youtube.com/watch?v=M3fC1AYQM5k, abgegriffen am 17.09.2022

6 Harsch, Mauro in: http://www.medjugorje.hr/de/aktualitaten/zeugnis-mauro-harsch%C2%A0-k%C3%BCnstler---bekehrter---wohlt%C3%A4ter,920.html, abgegriffen am 26.04.2023

7 Zeitzeugenaussage von Herrn Dr.Maximilian Domej vom 01.03.2023

8 Zeitzeugenaussage von Herrn Rudi Karg vom 11.03.2023

9 Barbarić, Slavko: Perlen des verwundeten Herzens, S. 73

10 Ebd.

11 Lubowetzki, Arthur in: Pater Slavko Barbarić, sein Leben, sein Weg, sein Werk (Filmgruppe München)

12 Zeitzeugenaussage von Frau Vikica Dodig vom 02.03.2023

13 Zeitzeugenaussage von Frau Vikica Dodig vom 02.03.2023

14 Hentschel, Schwanhild in: Pater Slavko Barbarić, sein Leben, sein Weg, sein Werk (Filmgruppe München)

15 Zeitzeugenaussage von Herrn Franz Josef Gollowitsch vom 02.02.2023

16 Dragicevic-Soldo, Mirjana in: https://www.youtube.com/watch?v=M3fC1AYQM5k, abgegriffen am 28.12.2022

Der Kreuzweg und Pater Slavko

1 Zeitzeugenaussage von Herrn Carmelo Puzzolo vom März 2023

Auseinandersetzungen mit dem Bischof, Tod und Beisetzung

1 Zeitzeugenaussage von Frau Maria Elfriede Lang-Pertl vom 18.01.2023

2 Ebd.

3 Zeitzeugenaussage von Herrn Pater Dietrich von Stockhausen vom 10.01.2023

4 Zeitzeugenaussage von Frau Angelika Lang vom 21.01.2023

5 Šakota, Marinko: Mit dem Herzen leben, Fra Slavko Barbarić Person und Werk, S. 158

6 Zeitzeugenaussage von Schwester Deborah vom 25.03.2023

7 Barbarić, Slavko in: Medjugorje und Pater Slavko Barbarić, S. 197

8 Barbarić, Slavko in: Medjugorje und Pater Slavko Barbarić, S. 198

9 Falsetto, Rita in: FilmGruppeMünchen, Im Auftrag der Gospa, Pater Slavko, 2004

10 Zeitzeugenaussage von Herrn Dr. Erich Kuen vom 22.11.2022

11 Zeitzeugenaussage von Schwester Deborah aus der Gemeinschaft Oase des Friedens, Italien, vom 25.03.2023

12 Zeitzeugenaussage von Herrn Dr. Erich Kuen vom 22.11.2022

13 Zeitzeugenaussage von Schwester Deborah aus der Gemeinschaft Oase des Friedens, Italien, vom 25.03.2023

14 Zeitzeugenaussage von Frau Angelika Lang vom 21.01.2023

15 Botschaft der Gospa in: https://www.medjugorje.de/medjugorje/personen/p-slavko-barbaric/, abgegriffen am 26.04.2023

16 Zeitzeugenaussage von Herrn Pater Ivan Landeka vom 06.04.2023

17 Ebd.

18 Bischof Peric, Ratko in: https://www.medjugorje.de/medjugorje/personen/p-slavko-barbaric/in-memoriam/#c796, abgegriffen am 26.04.2023

19 Pervan, Tomislav in: https://www.medjugorje.de/medjugorje/personen/p-slavko-barbaric/in-memoriam/#c796, abgegriffen am 26.04.2023

20 Pajic, Magdalena in: https://www.medjugorje.de/medjugorje/personen/p-slavko-barbaric/in-memoriam/#c796, abgegriffen am 26.04.2023

21 Von Habsburg, Milona in: https://www.medjugorje.de/medjugorje/personen/p-slavko-barbaric/in-memoriam/#c796, abgegriffen am 26.04.2023

22 Colo, Jakov in: https://www.medjugorje.de/medjugorje/personen/p-slavko-barbaric/in-memoriam/#c796, abgegriffen am 26.04.2023

Verehrung durch die Nachwelt, Seligsprechungsverfahren

1 Zovko, Jozo in: FilmGruppeMünchen, Im Auftrag der Gospa, Pater Slavko, 2004

2 Dragicevic-Soldo, Mirjana in: FilmGruppeMünchen, Im Auftrag der Gospa, Pater Slavko, 2004

Bildnachweis

Abb. 1 Rudolf Baier, Friedberg

Abb. 2 Privatarchiv Sofija Soldo, Medjugorje

Abb. 3 Rudolf Baier, Friedberg

Abb. 4 Privatarchiv Pater Ivan Landeka

Abb. 5 Ebd.

Abb. 6 Privatarchiv Sofija Soldo, Medjugorje

Abb. 7-8 Rudolf Baier, Friedberg

Abb. 9 Philos https://commons.wikimedia.org/wiki/File:Klasična_gimnazija_Dubrovnik.jpg), „Klasična gimnazija Dubrovnik“, als gemeinfrei gekennzeichnet, Details auf Wikimedia Commons: https://commons.wikimedia.org/wiki/Template:PD-self, abgegriffen am 21.05.2023

Abb. 10 Universitätsarchiv der Albert-Ludwigs-Universität Freiburg

Abb. 11 Ebd.

Abb. 12 Ma☒☒Ga (https://commons.wikimedia.org/wiki/File:Humac_samostan_(08).JPG), „Humac samostan (08)“, https://creativecommons.org/licenses/by/3.0/legalcode, abgegriffen am 12.06.2023

Abb. 13 Rudolf Baier, Friedberg

Abb. 14 Privatarchiv Sofija Soldo, Medjugorje

Abb. 15 Ebd.

Abb. 16 anonym (https://commons.wikimedia.org/wiki/File:VisokoPanorama.jpg), „VisokoPanorama“, https://creativecommons.org/licenses/by-sa/3.0/legalcode, abgegriffen am 21.05.2023

Abb. 17 http://www.bosnasrebrena.ba/ (https://commons.wikimedia.org/wiki/File:Gimnazija_u_Visokom,2013.03.JPG), „Gimnazija u Visokom,2013.03“, https://creativecommons.org/licenses/by-sa/3.0/legalcode, abgegriffen am 23.05.2023

Abb. 18	Nije bitno... (https://commons.wikimedia.org/wiki/File:PodgoricaOverview.jpg), „PodgoricaOverview“, https://creativecommons.org/licenses/by/3.0/legalcode, abgegriffen am 10.04.2023
Abb. 19	Privatarchiv Sofija Soldo, Medjugorje
Abb. 20	Archiv der Gebetsaktion Medjugorje, Wien
Abb. 21	Franziskanerkloster Schwaz
Abb. 22	Mattana (https://commons.wikimedia.org/wiki/File:La_Verna,_Santuario_de_la_Verna_002.JPG), „La Verna, Santuario de la Verna 002“, https://creativecommons.org/licenses/by-sa/3.0/legalcode, abgegriffen am 21.05.2023
Abb. 23	Eric Draper creator QS:P170,Q5386394 (https://commons.wikimedia.org/wiki/File:John_Paul_II_Medal_of_Freedom_2004.jpg), „John Paul II Medal of Freedom 2004“, als gemeinfrei gekennzeichnet, Details auf Wikimedia Commons: https://commons.wikimedia.org/wiki/Template:PD-US, abgegriffen am 29.01.2023
Abb. 24	Diözesanarchiv Innsbruck
Abb. 25	Ebd.
Abb. 26	Archiv des Priesterseminars Innsbruck
Abb. 27	Thomas Alber, Friedrichshafen
Abb. 28	Ebd.
Abb. 29	Außerferner Nachrichten vom 18.12.1971
Abb. 30	Archiv Dr. Richard Lipp, Reutte
Abb. 31	Privatarchiv Sofija Soldo, Medjurgorje
Abb. 32	Ebd.
Abb. 33	Flexman (https://commons.wikimedia.org/wiki/File:Frohnleiten_vom_Gschwendtberg.jpg), https://creativecommons.org/licenses/by-sa/4.0/legalcode, abgegriffen am 11.03.2023
Abb. 34	E.mil.mil (https://commons.wikimedia.org/wiki/File:Frohnleiten_Kloster_L1300481.jpg), „Frohnleiten Kloster L1300481“, https://creativecommons.org/licenses/by-sa/3.0/legalcode, abgegriffen am 11.03.2023

Abb. 35-39	Universität Graz, Studienabteilung
Abb. 40	Ma⌧⌧Ga (https://commons.wikimedia.org/wiki/File:Capljina_panorama_(4).jpg), „Capljina panorama (4)“, https://creativecommons.org/licenses/by/3.0/legalcode, abgegriffen am 09.02.2023
Abb. 41	Quahadi Añtó 11:06, 17 June 2012 (UTC) (https://commons.wikimedia.org/wiki/File:Panorama_Š._Brig01107.JPG), „Panorama Š. Brig01107“, https://creativecommons.org/licenses/by-sa/3.0/legalcode, abgegriffen am 09.02.2023
Abb. 42	Privatarchiv Sofija Soldo, Medjugorje
Abb. 43	user:Joergens.mi (https://commons.wikimedia.org/wiki/File:Franziskanerkloster_01_0579.jpg), „Franziskanerkloster 01 0579“, https://creativecommons.org/licenses/by-sa/3.0/legalcode, abgegriffen am 10.05.2023
Abb. 44	Buchdeckel der Dissertation „Umkehr als fundamentale Lehr- und Lernaufgabe christlicher Erwachsenenbildung“
Abb. 45	Promotionsakte der Albert-Ludwigs-Universität Freiburg
Abb. 46	The original uploader was Didius at Dutch Wikipedia. (https://commons.wikimedia.org/wiki/File:Carl_Ransom_Rogers.jpg), „Carl Ransom Rogers“, https://creativecommons.org/licenses/by/2.5/legalcode, abgegriffen am 02.05.2023
Abb. 47	Privatarchiv Bruder Bernardin Marker
Abb. 48	Privatarchiv Sofija Soldo, Medjugorje
Abb. 49	Archiv der Gebetsaktion Medjugorje, Wien
Abb. 50	https://medjugorje7.com/de/seher/ivan-dragicevic/, abgegriffen am 10.06.2023
Abb. 51	https://www.medjugorje.cc/our-team/marija/, abgegriffen am 10.06.2023
Abb. 52	Archiv der Gebetsaktion Medjugorje, Wien
Abb. 53	Ebd.

Abb. 54 https://www.medjugorje.cc/our-team/mirjana/, abgegriffen am 10.06.2023

Abb. 55 Archiv der Gebetsaktion Medjugorje, Wien

Abb. 56-59 Rudolf Baier, Friedberg

Abb. 60 Martin Müller, Kißlegg

Abb. 61 Rudolf Baier, Friedberg

Abb. 62 Privatarchiv Pater Dietrich von Stockhausen, Heroldsbach

Abb. 63 Krsni zavicaj Nr. 15

Abb. 64 Privatarchiv Dr. Maximilian Domej, Wien

Abb. 65 Rama (https://commons.wikimedia.org/wiki/File:Henri_Joyeux_IMG_3259.jpg), „Henri Joyeux IMG 3259", https://creativecommons.org/licenses/by-sa/2.0/fr/deed.en

Abb. 66 Cigarman (https://commons.wikimedia.org/wiki/File:Andreas_Resch.JPG), „Andreas Resch", https://creativecommons.org/licenses/by-sa/3.0/legalcode

Abb. 67 Privatarchiv Maria-Elfriede Lang-Pertl

Abb. 68 Statue der Gospa: Rudolf Baier, Friedberg; Herz, Schulraum (mit freundlicher Genehmigung des Schulmuseums Friedrichshafen) und Wolken: Thomas Alber, Friedrichshafen

Abb. 69 Thomas Alber, Friedrichshafen

Abb. 70 Rudolf Baier, Friedberg, mit einer Bearbeitung in Photoshop von Thomas Alber, Friedrichshafen

Abb. 71 Osmar Schindler (1869-1927) (https://commons.wikimedia.org/wiki/File:Osmar_Schindler_-_David_und_Goliath.jpg), „Osmar Schindler - David und Goliath", als gemeinfrei gekennzeichnet, Details auf Wikimedia Commons: https://commons.wikimedia.org/wiki/Template:PD-old, abgegriffen am 21.05.2023

Abb. 72-76 Rudolf Baier, Friedberg

Abb. 77 Thomas Alber, Friedrichshafen

Abb. 78 Gebetsaktion Medjugorje, Wien

Abb. 79 Privatarchiv Angelika Lang, Innsbruck

Abb. 80-82	Rudolf Baier, Friedberg
Abb. 83	Gebetsaktion Medjugorje, Wien
Abb. 84	Muschio Di Quercia (https://commons.wikimedia.org/wiki/File:Padre_Pio_da_Pietrelcina.jpg), „Padre Pio da Pietrelcina", https://creativecommons.org/licenses/by/3.0/legalcode, abgegriffen am 23.05.2023
Abb. 85-87	Gebetsaktion Medjugorje, Wien
Abb. 88	Privatarchiv Pater Markus Schlichthärle, Schwaz
Abb. 89-90	Rudolf Baier, Friedberg
Abb. 91	Privatarchiv
Abb. 92	Rudolf Baier, Friedberg
Abb. 93	Privatarchiv Bernadette Lang, Salzburg
Abb. 94	Privatarchiv Angelika Lang, Innsbruck
Abb. 95-96	Rudolf Baier, Friedberg
Abb. 97	Gebetsaktion Medjugorje, Wien
Abb. 98	Ebd.
Abb. 99	Privatarchiv Alfred Heck, Köln
Abb. 100	anonym (https://commons.wikimedia.org/wiki/File:Johannesburg.jpg), „Johannesburg", https://creativecommons.org/licenses/by-sa/3.0/legalcode, abgegriffen am 21.05.2023
Abb. 101	Deutsche Nationalbibliothek (DNB) (https://commons.wikimedia.org/wiki/File:Logo_Gemeinsame_Normdatei_(GND).svg), „Logo Gemeinsame Normdatei (GND)", als gemeinfrei gekennzeichnet, Details auf Wikimedia Commons: https://commons.wikimedia.org/wiki/Template:PD-text, abgegriffen am 18.04.2023
Abb. 102	Vision2000, Maria Enzersdorf, Österreich
Abb. 103	Ebd.
Abb. 104	Ebd.
Abb. 105	Privatarchiv Pater Ignaz Domej, Medjugorje
Abb. 106	Privatarchiv Pater Ivan Landeka
Abb. 107	Privatarchiv

Abb. 108	Privatarchiv Sylvia Keller, Schweiz
Abb. 109	Ebd.
Abb. 110	Gebetsaktion Medjugorje, Wien
Abb. 111	Privatarchiv Maria-Elfriede Lang-Pertl
Abb. 112	Privatarchiv Angelika Lang, Innsbruck
Abb. 113	Privatarchiv Schwester Deborah
Abb. 114	Croq (https://commons.wikimedia.org/wiki/File:Skabrnja-spomenik.JPG), „Skabrnja-spomenik", https://creativecommons.org/licenses/by-sa/3.0/legalcode, abgegriffen am 21.05.2023
Abb. 115	LT. STACEY WYZKOWSKI (https://commons.wikimedia.org/wiki/File:Sarajevo_19.3.1996_war_(stadium).JPG), „Sarajevo 19.3.1996 war (stadium)", als gemeinfrei gekennzeichnet, Details auf Wikimedia Commons: https://commons.wikimedia.org/wiki/Template:PD-US, abgegriffen am 21.05.2023
Abb. 116	Privatarchiv Hubert Liebherr
Abb. 117	Gebetsaktion Medjugorje, Wien
Abb. 118	Privatarchiv Irma Schwitter, Medjugorje
Abb. 119	The original uploader was Emir Kotromanić at Bosnian Wikipedia. (https://commons.wikimedia.org/wiki/File:Potoc2006.jpg), „Potoc2006", https://creativecommons.org/licenses/by-sa/3.0/legalcode
Abb. 120	The Central Intelligence Agency (https://commons.wikimedia.org/wiki/File:Slobodan_Milosevic,_Alija_Izetbegovic,_and_Franjo_Tudjman_sign_the_Balkan_Peace_Agreement_-_Flickr_-_The_Central_Intelligence_Agency.jpg), „Slobodan Milosevic, Alija Izetbegovic, and Franjo Tudjman sign the Balkan Peace Agreement - Flickr - The Central Intelligence Agency", als gemeinfrei gekennzeichnet, Details auf Wikimedia Commons: https://commons.wikimedia.org/wiki/Template:PD-US
Abb. 121	Thomas Alber, Friedrichshafen; Künstler: Edgar Rohmert, Wangen im Allgäu
Abb. 122	Privatarchiv Irma Schwitter, Medjugorje

Abb. 123 Ebd.
Abb. 124 Ebd.
Abb. 125 Privatarchiv Mauro Harsch, Schweiz
Abb. 126 Ebd.
Abb. 127 Privatarchiv Rudi Karg
Abb. 128 Privatarchiv Irma Schwitter, Medjugorje
Abb. 129 Irma Schwitter, Medjugorje
Abb. 130 Ebd.
Abb. 131 Ebd.
Abb. 132 Ebd.
Abb. 133 Gebetsaktion Medjugorje, Wien
Abb. 134 Rudolf Baier, Friedberg
Abb. 135 Ebd.
Abb. 136 Ebd.
Abb. 137 Privatarchiv Carmelo Puzzolo
Abb. 138 Irma Schwitter, Medjugorje
Abb. 139 Ebd.
Abb. 140 Ebd.
Abb. 141 DANI Photo, Medjugorje
Abb. 142 Rudolf Baier, Friedberg
Abb. 143 Privatarchiv Camelo Puzzolo
Abb. 144 Ebd.
Abb. 145 Rudolf Baier, Friedberg
Abb. 146 Ebd.
Abb. 147 Erlöserpfarre Lustenau
Abb. 148 Privatarchiv Maria-Elfriede Lang-Pertl, Innsbruck
Abb. 149 Ebd.
Abb. 150 FilmGruppeMünchen, Im Auftrag der Gospa, Pater Slavko, 2004
Abb. 151 Privatarchiv Dr. Erich Kuen
Abb. 152 Privatarchiv Schwester Deborah

Abb. 153 Rudolf Baier, Friedberg

Abb. 154 Ebd.

Abb. 155 Ebd.

Abb. 156 Privatarchiv Angelika Lang, Innsbruck

Abb. 157 Gebetsaktion Medjugorje, Wien

Abb. 158 Rudolf Baier, Friedberg

Abb. 159 https://commons.wikimedia.org/wiki/File:Ratko_Peri%C4%87.jpg, abgegriffen am 24.05.2023

Abb. 160 Gebetsaktion Medjugorje, Wien

Abb. 161 Ebd.

Abb. 162 Ebd.

Abb. 163 Ebd.

Abb. 164 Ebd.

Abb. 165 FilmGruppeMünchen, Im Auftrag der Gospa, Pater Slavko, 2004

Abb. 166 Ebd.

Abb. 167 Ebd.

Abb. 168 Ebd.

Abb. 169 Rudolf Baier, Friedberg

Abb. 170 Kroatische Post Mostar

Abb. 171 Ebd.

Abb. 172 Ebd.